宇宙人生

幸せ人生の究極法則

佐藤康行

アイジーエー出版

※本書は二〇〇五年三月に日新報道より刊行された
『生き方教室』を再編集したものです。

はじめに

幸せな人生を送ることができる究極の法則がある。

私は、これまで約二十年にわたり、私が開発したセミナーである「真我開発講座」の受講者の約六万人の方々にその究極の法則を伝えてきた。そして、その法則を確信し、実践された方は、そこから本当に幸せな人生を歩まれている。それは、すでに実証されていることでもある。

苦しい生活から抜けたい、人間関係をどうにかしたい、自分自身を変えたい、病気を治したい、お金が欲しい、理想の生活がしたいなどと悩んでいる方が、私のところに相談に来られる。そのような方は、この日本には大勢いる。いや世界中にいると言っていい。幸せになりたいのは、日本人だけではない。

ここでひとつ考えていただきたい。私たちは日本にいるから日本人と言われる。私は東京に住んでいるから、東京人とも言える。そこから視点を広く（高く）して、例えば他の星から私やみなさんを見てみると、私たちは地球人となる。

地球は宇宙の中のほんのひとつの惑星に過ぎない、宇宙の中にすっぽり包含されている。ということは、実は一番正しいのは、地球人でも日本人でもない、私たちは「宇宙人」ということなのだ。あなたは宇宙人、私も宇宙人となる。

考えてみれば、地球は宇宙の産物だ。私たち人間も含め、地球上のすべてのものは宇宙の産物なのだ。

宇宙飛行士が、宇宙遊泳中に眼下に見える壮大で青く美しい地球を眺めていたとき、突然、地球との不思議な連帯感を伴った今までにない圧倒的な体験をしたという話を聞いたことがある。その体験の前後で宇宙飛行士の考え方、人生観はガラリと変わったそうだ。あなたがロケットに乗って、宇宙に飛んで、宇宙から地球を見ると、どうなるだろうか。ああ、これが先祖代々から受け継がれた青い青い美しい地球か、その中に私もいたのだ、と思うとあなたの中から湧き出てくる想いは、今とはまったく変わるだろう。もし、世界中の人にそのような心が出てきたら、地球上から戦争はなくなるのではないだろうか。

人間が地球の環境を破壊しているということは、自分の住んでいるところの環境を悪くするということ。その果てに、ご存知のように環境問題が起き、精神面で病んでしまう人なども現れる。それはすべて人間が作り出したもの。自分たちで問題を起こし、その問題を解決しようと考え、手を打つ。が、さらに別の環境が悪くなったり、別な形で病んだ人が増え、問題となって人間に迫ってくる。人間の脳では、どうしても狭い範囲、限定的な範囲でしか考えられないのだ。

脳そのものを創った大いなるものがある、人間そのものを創った、犬を創った、ゴキブリを創った、地球そのものを創った大いなる意思がある。そこに気づかなくては、なんの解決にもならないと私は断言する。人間はゴキブリ一匹すら作り出せない。

地球は宇宙の産物であり、私たち人間も含め、地球上のすべてのものは宇宙の産物。すべてを創ったその大いなる意思、宇宙（神）の意思で、すべての問題は解決できるのである。人間にも宿っているその大いなる意思で、人は幸せになれるのである。

私はその大いなる宇宙の意思（宇宙の法則）を「真我」と呼んでいる。「真《まこと》」の「我《われ》」と書いて、「真我《しんが》」と読む。真我に目覚めたときに、人間の悩みはすべて解決するのだ。私は、真我に目覚めた人の劇的な変化を二十数年見続けてきた。

真我とは、神の心であり、仏の心であり、宇宙意識、宇宙の心、愛ともいえる。人間の心の奥にある、創造主である宇宙とつながっている無限の心。完全で完璧な心。宇宙と一体と言っていい。人はいつからか脳でばかり考えるようになってしまい、真我に気づかなくなったのである。

しかし実は、あなたはすでに大いなる意思（真我）を実践している。髪の毛は伸び、心臓は休まず動き、血も休まず流れている。食べたものを胃や腸が消化吸収している。これはあなたが意識的に行っていることではない。すべて自動的。まさに大いなる意思の実践であり、宇宙意識の実践なのである。あなたは気づいていないだけで、宇宙そのものであり、完全であり、愛そのものなのだ。そして、すでに幸せなのだ。

お金が欲しい、出世したい、名誉がほしいとがんばっていてもいつになったらそれらは手に入るのか。なぜそれがほしいのか。最終的には幸せになりたいという答えに辿り着くのだろうが、では、なりたいと思うのならば、今は幸せではないと思っているということだ。幸せではないと思っていれば、幸せは遠のく。幸せは幸せを引き寄せ、不幸は不幸を引き寄せるのだ。

すでに真我は幸せそのもの、神そのもの、愛そのものである。大いなる宇宙から人間は与えられているのに、そこに目覚めようとしないで、外に幸せを求めてしまう。それが不幸の始まりだ。モノがあれば幸せになれる、相手が変わったら幸せになれる、伴侶が変わったら、子どもが変わったら、社会が変わったらと外に目を向けてしまう。それは、すべて自分が思い描いている社会であり、自分が思う家族であり、自分が思う仕事であり、すべて自分が考えた、脳で考えた評価だ。真我に目覚め、その評価が変わると、その場で一瞬にして幸せになれるのだ。

人間の苦しみとは、なれないものになろうとするところから始まる。真実の自分に気づこうとせず、外のものと見比べて、ないものねだりをしてしまう。コンプレックスは、人と比べるから持ってしまうもの。傲慢になってしまうことも人と比べるからだ。人より上だと思うから傲慢になり、人より下だと思うからコンプレックスになる。自分の頭の中（脳）で理想像を描き、理想通りにならないと、自分はダメ、アイツはなってない、と理想を嵌めようとしてしまう。なんと愚かでナンセンスなことか。

本当はすごく簡単なのである。あなたが本当のあなたに気づけばいいだけだ。本当の自分に目覚めたら、本当に画期的だ。実はみながそこを求めている。

本当の成功者は、幸せは自分にあると確信している。そして幸せな心で生きていると、何をやっても面白いようにうまくいき、敵がいなくなる。誰ひとり敵がいないから、何をやってもうまくいくようになっている。

それを私は二十年にわたり実証してきた。その法則を本書に綴っていこうと思う。
みなさんのこれからの人生が、素晴らしいものになるようにと願いを込めて。

宇宙人生　幸せ人生の究極法則

目次

第二章　宇宙と一体化して幸せになる方法　41

第四章　仕事の本質とこれからの働き方　119

第七章　宇宙の法則を人生に生かす　183

装丁デザイン／鈴木未都
本文ＤＴＰ／ワークスティーツー

第一章

宇宙のリズムに乗る究極の生き方

自分（＝宇宙）を褒めることは一番謙虚

よく、「私は大したことはない」と思っている人や、その態度のことを〝謙虚〟と言っている人がいる。逆に自分から「自分は素晴らしい人間です」と言う人のことを〝傲慢だ〟と言う人がいる。

慎ましやかで控えめなところが日本人の美徳であり、「私は大したことはない」と振舞う謙虚な姿勢は好感を持たれる場合が多い。

しかし、私は逆の印象を持つことが多いのだ。「私は大したことはない」と思っているなら、それは傲慢だと思えてしまう。「私は素晴らしい」と心から思えることが、本当は最も謙虚なのである。

それは、例えば、ここに車があるとする。「この車は素晴らしい」と言ったとき、この車自体を褒めたとしてもそれだけではなく、車を作った人を褒めた事になるからだ。

では、自分を作ったのは何なのだろうか？　自分ではない。両親がいなければ自分は存在しない。すなわち、自分の両親が作ったといえる。そしてその両親を作ったのはそのまた両親。つまり先祖の人たちに続いていく。

そこには、先祖代々に渡る連綿とした道程が想像できる。それは自然の摂理とも言える。

そうやって突き詰めていくと、この大地や海、地球が、宇宙が、と続いていくことになる。そして、自分を作ったのは、両親を通して、「宇宙が作った」という答えが見えてくるはずだ。ということは、「自分は素晴らしい」といえば、両親と先祖を含めた宇宙、自然の摂理、宇宙の法則を褒めたことになるのである。

逆に、「自分は大したことはない」と言うなら、両親も先祖も宇宙もダメということになる。

自分は自分であって自分ではない。

自分を素晴らしいと思うことは、一番の絶対者である宇宙の法則を褒めたことになるからこそ、最も謙虚なのだ。〝大先生〟を褒めているのだから、傲慢ではなく謙虚なのだ。

大先生、宇宙が作った自分を「大したことがない」と言うのは、自分を自分の所有物と思い込んでいる傲慢などうしようもない人間と言える。

「私は大したことがない」と考えている何十倍も何百倍も、本当の自分は素晴らしいはずなのだ。自分の素晴らしさを実感できない人は、本来の素晴らしい自分がわずかしか出ていないということであり、そこに気づいていない。

そして、自分を素晴らしいと思っているだけではまだ足りない。

私もあなたも素晴らしい、すべてが素晴らしいというようになれば良いのである。宇宙の法則は、自分も周囲の人たちも同じように与えられているのだから、当然、同じように素晴らしいということなのだから。

素晴らしい自分がいることに気づき、受け入れて生きていくと、人生は劇変する。

あなたが「自分は大したことはない」と言っているようなら、気づいた後の人生は百八十度変わるのである。

人々が宇宙意識に目覚め始めてきた

「宇宙の法則」という言葉を盛んに耳にするようになってきた。

これは、まさしく人類の意識が目覚め出してきた、ということなのだ。今までは、小さな範囲でしか、各々の個でしか、物事を見なかった。

精神世界を研究している方の中には、今の人々が目覚めていることについて、地球がそれだけ成熟したからと言う人もいる。

私は、むしろ「反動」によるものであると考えている。ちょうど振り子のように、あっちの方向に行ったぶんだけ、こっちに戻る反動である。

行ったぶんだけ戻るから、人間が欲得で暴走していたのが、その反動で反対方向に戻って目覚めざるをえなくなったのである。

それは、頭だけではなく、心、魂の部分で目覚める、ということなのである。

そうしなければ、人類の生きる道がないことが、人間は少しずつ本能的にわかってきたのである。

ゴムをどんどん引っ張っていったら、ついに切れてしまうかパチンと戻るかのどちらかなのだ。それと同じく、行きつくところまで行って切れてしまうか、戻るかのどちらかなのである。

このまま欲得で走ってもよい。ただ、最終的にはゴムと同様に切れてしまう。それも宇宙の法則なのである。


よく、宇宙の法則に従っているとか、宇宙の法則に背いているというような表現を耳にするが、それはまだ宇宙の法則をわかっていない証拠である。

なぜなら、**すべてが宇宙の法則であり、宇宙の法則に反することはできない**からなのである。

宇宙が一つの生命で、人間の存在はその中の細胞のようなものである、と捉える見方があるが、それもまだ物質的な見方をしているに過ぎないと思う。

マクロ、ミクロ、という言葉がある。宇宙をマクロ、人間をミクロに見る傾向があるが、これなどは、まだ物体的にものを見ている証拠だ。もともと宇宙にはマクロもミクロもない。どちらも無限であり、ミクロも無限、マクロも無限なのである。

人間は六十兆の細胞でできているというが、その細胞一つ一つは何かというと、やはり無限なのである。細胞のようなものでも、全部宇宙そのものであり無限ということなのである。

人には宇宙の法則に沿った役割がある

昔は士農工商のような身分の上下関係があった。

今はだんだん平らになっている。しかし、本当は上下というのは人間が決めることではない。決めるとするならば、事実と役割で見ていく必要がある。

例えば、男女平等といっても、人間としては平等だが、男と女とではそれぞれ役割が違う。役割の違いをもう一度、原点に返って考えることが必要なのである。

男性は妊娠しないが、女性は妊娠する。原始時代を振り返ってみると、女性が妊娠したお腹で獲物を捕りにいくことはできない。だから筋肉隆々のたくましい男が槍を持って狩猟に出かけたわけである。

このようにそれぞれの役割が自ずと決まっていたのだ。

それと同じく、親と子どもも役割が違う。

親という役割、子という役割がある。社会の役割から、さまざまな役割がある事実を認識させる。

これこそまさに宇宙の法則と言っても過言ではない。

正しい法則を学び合う、あるいは自覚することが大切なのである。これは人間の頭で考えることではなくて、事実を見ていく、ということなのである。

「役割」と「使命」とは違うのだ。

「使命」は頭で考えるものとして捉えられがちである。しかし、使命とは頭を無くした時に初めてわかるものなのである。

例えば、心臓は使命を持っているわけではないが、動いている。心臓は何回鼓動してやろうと意識して動いているわけではない。

その事実を自覚することが大切である。

心臓の動きだけでなく、地球の動きも同様だ。

地球は意識的に回転速度を調節しているわけではない。私たちが生きていること自体、心臓の鼓動や地球の回転と同じことなのである。

そこに目覚めていく。

そこにすべての役割、例えば医療の方法、教育の方法、科学の方法など、どうしたらよいのかの答えが全部あるのだ。

最初からすでに一番よい方法があるのだから、その一番よい方法に目覚めればいいだけなのである。

ただ、ほとんどの人がそこに気づいていない。

「宇宙と調和する」というよりも、むしろ**最初からすでに宇宙と調和していることを自覚することが大切**なのである。

たとえ戦争をしていても、人類は最初から宇宙と調和しているのである。

どんなときでも調和しているのである。ただ、それを自覚しているかしていないかの違いだけなのである。

心臓が動いているのを自覚している人と自覚しない人とがいる。しかし、自覚しようがしまいが心臓は動いている。だから、その事実に目覚めさえすればよいだけである。宇宙の法則を人間が認める認めないなどと議論すること自体おこがましいのだ。

人間がどう思おうと事実は事実として存在しているのだから。

あなたの生き方は宇宙が与えている

元来、宇宙のリズムは人間の思いのままではない。

むしろ、人間をはじめとしたあらゆる生物、鉱物、地球が、宇宙の思いのままなのである。だから、宇宙が人間の思いのままになる、ということはありえない。

逆に、宇宙の思いのままに人間がなる、と捉えた方がよいのだ。

私たちは人類の中にいる。

人類は地球の中にいる。

地球は太陽系の中にある。

太陽系は銀河系宇宙の中にある。

銀河系宇宙は全宇宙の中にもともと融合されている。

それぞれの個が融合して形成されている全体が「宇宙」である。

「宇宙とはありとあらゆるものが融合している姿」ということだ。


だから、私たち人間は「宇宙人」と言ってもよいのである。「日本人」という呼び方があるが、それは狭い見方なのである。「地球人」というのも狭い見方なのである。

それぞれに個々の名前をつけているのも、狭い見方なのである。

人間や地球は、宇宙の中の一つなのだ。

その事実に目を向けると人間は地球人であると同時に宇宙人でもあるのだ。

「宇宙の中に人間も在る」という絶対的な普遍に目を向ける、目を覚ます、自覚することが、これからの時代は最も大切なことなのである。

そこから物事を捉えていったときに、初めて今までの間違っている部分や、本当の部分が明確にわかってくるのである。

「朝《あした》に道を聞かば、夕べに死すとも可なり」という言葉がある。

これは、自分の生きる目的や使命が本当にわかったら今晩死んでもいい、それほど自分の生きる目的を見つけることは大切なのだ、という意味である。

それは、**宇宙が与えた本当の自分の生き方に目覚める、**本当の自分の生き方に気がつく、ということなのである。

これからは宇宙単位で物事を見なければならない時代なのだ。宇宙から与えられている事実から背を向けて考えること自体、まったくの天動説であり、ピンと外れであり、間が抜けているということに気づくべきである。

人生が一変する視点

あなたは今、日本という国に属しながら、さらにそれぞれの家庭、会社、組織に属している。それらはすべて別々の団体のように見えて、実は地球という一つの団体に属しているのである。

それは、人間だけではない。あらゆる生物、鉱物、無機物が地球という一つの団体の中で共存しているのである。

だから、私たちは「私」という個から物事を見ていくのではなく、全体の中から「私」という個を見なくてはならないのだ。

そうすれば、人生や仕事や組織は黙っていても能率が上がり、何をやってもスムーズにうまくいくのである。

全体を無視してあなた個人で動くと必ず壁にぶち当たり、行き詰まるのである。

この地球でさえ、宇宙の中の、銀河系の中の、太陽系の中の地球なのだ。

これは私たちの頭で認めようが、認めまいが事実であるから変えようがないのである。

人類は、これからこの絶対的な事実に目を背けることはできない。

私たちは、この地球という全体の中で自分の役割、使命、天命を知り、生きていかなくてはならないのだ。

それを知ることによって、二度とない一度きりの肉体を持った人生を喜びと感謝と愛で満たすことができ、「生まれてきて本当によかった」と思えるようになるのである。

そうなれば当然、人と会うことが楽しくなり、仕事の能率も上がり、病気や疲れといったマイナス的なものは消えていくのだ。

「群盲象を評す」という言葉がある。

目の見えない人たちが象のしっぽを触ると、象とはロープのようなものだと思い、鼻を触ると丸太のようなものだと思い、足を触ると柱のようなものだと思い、お腹を触ると壁のようなものだと思うといった、部分でしか把握できない人は全体を見渡すことができない、という意味だ。

私たちも、心でモノを見ずに、頭や目に見えるモノだけで物事を判断し、事実と異なったものの見方、考え方をしていることが多いのではないだろうか。

このような間違った見方をしないためには、地球全体の情勢、宇宙の法則という全体からモノを見て、魂の底からそれを理解し、その上で自己の使命をまっとうしていく必要があるのである。

そうすれば周りの人たちに、未だかつてないくらいの歓喜と感謝が生まれ、奇跡と言われるような素晴らしい結果が残せるだろう。

今から人々には、地球全体、いや、**宇宙全体と私という観点で、モノを見、考え、それを実践しながら生きていくこと**が求められている。

幸せな生き方の答えはどこに

「自分の人生を、いったいどう生きればいいのだろうか?」

私たち人間にとって、こんなにも大切な問いに対して、何が答えてくれるのだろうか。

例えば、人生や心のことになると、〝宗教〟が思い浮かぶかもしれない。

しかし同時に、現代社会において本当の意味の宗教とはいったい何なのか、何のために宗教は存在しているのか、という疑問を持たれる方も多いのではないだろうか。

宗教が元で争い、戦い、憎しみ合い、いがみ合う。

これが本当に宗教のあるべき姿なのだろうか、と疑問を持つのは当然である。

今、私たちはこのことを、真剣に学ばなければいけない時期にきている。

本当の宗教とは、単に宗教団体のことではない。一言でいうなら『全体と個の融合』

のことを言うのである。

自分と、自分の周りの人たちとの融合、自分の周りの人たちと日本の融合、日本と世界との融合、世界と宇宙全体との融合、このことを自覚して生活することを、法則に生きる、法則を生かす生活、というのである。


これは、例えば仕事においても同じことが言える。

自分の仕事の方向性、会社の方向性、業界の方向性、社会全体の方向性、地球と宇宙の方向性、これからの方向性が、全体の方向性とうまく調和し、同じ流れに沿って流れていけば、人生で成功することは間違いない。

しかし、人間は自分の私利私欲に目がくらむと、周りとの調和、方向性が見えなくなり、そこから不調和、分離の作業を始めてしまうのだ。分離の作業は決して利益を生む作業ではないから、いくら一時的にうまくいっているように見えても、いつか必ず消えていかざるを得ないのである。

流れに沿うということは、櫂《かい》で無理やりこがなくてもスーッと流れていける世界のことなのである。

要するに力の入らない世界なのだ。

まずは、あなたとあなたの周りの人々との調和を図り、お客様、すなわち社会の人々との調和を図り、その人々に喜んでいただけることをすることが、仕事をスムーズに運ばせる法則なのである。

そして、宗教も本来は調和の連続作業なのだ。その意味ではまさに、仕事イコール宗教といっても過言ではないのである。

あなたの今、持たれている仕事に最善を尽くし、自分の能力を出し切ることが、あなたの生命を生かし、生活を生かし切ることにつながるのである。

本当の宗教（全体と個の融合）とは、あなたの生きている使命に最善を尽くし、周りのすべてと調和していくことなのである。

宗教とは、他にあるのではなく、自分の中にあるということを自覚して、今この時期に本当の自分を知り、本当の生き方を知っていただきたい。

人間は本来、宇宙意識そのものである

仏教を勉強している人が、私が開発したセミナーである「真我開発講座」で貫いているポリシーを「自力本願」ではないか、と質問する人がいる。

しかし、宇宙全体から見ると、「他力本願」や「自力本願」という言葉自体が、すでにおかしい。自分で物事をやるのが自力本願である。神様がやってくれる、仏様がやってくれる、というのが他力本願である。

しかし、宇宙全体から見たら他力も自力も、全部他力本願なのである。「他力」と

いうのは、宇宙の力だ。

地球を動かしているのは人間ではない。心臓を動かしているのも人間ではない。まして、や、人間は自分で自分を作れるわけでもない。

根本から見ると、人間が作ったものは一つもないのである。

飛行機、車を作っているのは金属だが、これらはもともと全部大地に埋もれていたものである。人間はゴキブリ一匹作れない。

そういう意味では、絶対的な普遍の力、宇宙の力というものが他力だったら、すべてが他力といってよいのだ。

また、絶対的な他力は、宇宙意識や神と置き換えても構わない。

この世にあるすべてのものが心でできている。

誰かが心に描いたものが形となって現れてきている。

心は二つある。人間の心と宇宙の心。宇宙の心を神と言ってもいい。

物を作るときは、二つの心が必要なのだ。地球を作ったのは人間ではない。石油や金属を作ったのも人間ではない。すべては宇宙の心、神の心が作った。宇宙の心が作ったさまざまなものを、人間が組み合わせて飛行機や車などを作るのである。

二つの心という観点から見ると、心の全体が見えてくる。

宇宙の心、宇宙意識は人間と同じような個性を持っているのかと、尋ねられたことがある。

人間と同じ個性というよりは、人間はもともと宇宙の一部として存在しているのだから、**人間は宇宙意識そのもの**である、といった方がいいと思う。自分でさまざまなことを創造するのは人間の頭だから、もともと宇宙意識と人間の意識とは同じなのだ。

すべて宇宙そのものであり、それをすべて神と言ってもいい。

しかし、私たち人間は本来持っている宇宙意識を使わずに、人間の頭ですべての物事を考えていたために、宇宙の心とズレが生じてきた。

宇宙の心は別名「愛」である。

絶対法則が、「愛」なのだ。

この完全な心と私たち人間の心との間にズレがあるのだ。

キリスト教で、片方を「神の子」と言い、もう片方を「罪の子」と言う。簡単に言うと、「神の子」とは、人間は神＝愛であり宇宙の法則である、ということを自覚するということだ。

人間は神なのだ。

私はそれを「真我」と言っている。

本当の自分、神そのものの自分、仏心と言ってもいい。それに目覚めるということである。

私たちは本来の心（＝真我）があるのに、本来の使命があるのにそれを自覚しようとしないで、自分勝手にやってしまう。これを罪という。

真我に目覚めることが、これからの人間にとって最も大切なことなのである。

第二章

宇宙と一体化して幸せになる方法

宇宙と一体化する方法

宇宙意識と一体化するために、古来、いろいろな方法が採用されてきた。瞑想をはじめとして、滝行や火渡り行。その他、宗教的な行事なども行われてきた。

瞑想その他の行は、宇宙意識を体験するための方法として否定するつもりはないが、そのような行為をしなければ宇宙と一体化できないということ自体おかしな話だ。

なぜならば、**人間の魂と宇宙はすでに一体である**からなのだ。それは、遊んでいても笑っていても、寝ていても何をやっていても人間は宇宙と一体だからである。

これは事実なのだ。

瞑想しなければ宇宙と一体になれないというのは、所詮変な話ではないか。

どんなことをしていても最初からすでに宇宙と一体なのだ。その事実に目覚めることが大切なのである。

ただし、人間には煩悩があって、余計なことをいろいろと考えたり、行ったりするから、瞑想でその想念を払い、本来の心になることも必要なのである。起きているときも寝ているときも宇宙と一体になれる人はそういないから、現実問題としては瞑想の時間をとることもよい。

しかし、この現代社会、忙しい実生活の中で、何時間も静かな環境を確保しなくてはできないというのでは広まらないし、そういう意味では実生活に生かせる瞑想が必要である。

また、人間には本来、必ずそれが必要なわけではないと認識したうえで行うべきだと思う。

古今東西、いろいろな宗教行事が行われてきた。これらの全部が必要ではないとか、迷信じみたものである、ということを言っているのではない。

あちらを向いていた人間をこちらに振り向かせる、あるいは「真我」に振り向かせるためにはそういった宗教行事は必要な場合もある。

座禅、瞑想、いろいろな宗教行事の時間を設けるのは、煩悩に囚われていた者を煩悩から解き放つ手段として必要なのである。とくに心の部分には必要である。

私は、一番深い部分を問題にしている。

魂の深い部分、宇宙に主眼を置くと、瞑想や座禅をしなくても本当は最初から人間は宇宙と一体であることを自覚することができるのだ。

人間以外のほかの生物は特別な修行をしなくても、すでに宇宙と一体になっている。

宗教でよく使われている言葉に「不動心」がある。

しかし、本当は不動心というのはありえないと思う。心というものは、どんなに悟った人でも誰であろうと、動くものなのだ。動かない心自体、心ではない。

だから、もしも不動心が何であるかと問われたら、魂であり「真我」といえるのだ。「真我」は最初から完全であり、動かされないのである。そこに目覚める。魂に目覚める。宇宙、法則、本当の自分に目覚める。

これこそが本当の意味で宇宙と一体になったことであり、それに目覚めるための方法は、あくまでも手段でしかありえない、ということを知ったうえで、うまく生かすことが大切なのである。

宿命、運命、そして「天命」

私たちが「真我（本当の自分）」に目覚めたら、それはちょうど、操り人形のように天から動かされているような状態になる。

例えば、花が咲くのに努力や根性で咲くのではない。自然に動かされて咲く。それと同じように、**宇宙によって動かされる状態**になるのである。

この状態は、「真我」に目覚めていないときに考えてわかる世界ではない。「真我」に目覚めたときに、自然と起こる現象なのである。

俗に「天命を知る」という言葉があるが、「真我」に目覚める、というのは、天命の通りに生きている、ということになる。

「宿命」と「運命」という言葉がある。両方とも心なのだが、深い次元では異なる。「宿命」は、宿っている命。例えば、男として生まれたのは宿命。人間として生まれてきたのも宿命だ。

また、親を替えることもできない。日本人として生まれたのも宿命。変えることができないもの。すでに宿っているもの。それは種といってもいいのだ。それを「宿命」という。

「運命」というのは、運ぶ命である。因縁と置き換えてもいい。因が宿命だとしたら、縁が運命といってもいい。

どういう人と出会って、どういう影響を受けて、どう心を変えて、自分の命を運んでいくかということである。命を運ぶ。そうすれば、花の咲き方が変わるのだ。

宿命はすでにあるものだから、それを変えることはできない。それを認めて、最大に生かすということなのである。

「生かされている」という事実を知る

人生の意義については、古今東西の哲学者や宗教家がテーマにしてきた。

人がこの世に生まれて、八十年ないし百年ほど生きて、死んでいく。そして輪廻転生で、再び生まれ変わることを繰り返す。この問題についてさまざまな人たちが論じている。

「なぜ生きるのか」、ということは「なぜ心臓が動くのか」、ということと同じことなのだ。

なぜ心臓が動くのかは、頭で考えても永遠にわかることではない。

なぜ、地球が回っているのか、正確に答えられる人はいないはずだ。回っているから、回っているのだ、ということなのである。

私たちが、なぜ生きるのかということは「宇宙の法則によって生かされている」ということなのだ。

なぜ生きるのか、ではなく「生かされている」というその事実が重要なのだ。その観点から物事を捉えなければならない時代が来ている。だから、そのことに気がつくことが人生の意義なのである。

頭で考えることではない。頭で考えても、全体の中での一部でしかないのだから、見当外れなのだ。

もっと、深い観点から言うと、私たち人間の心で考えているのは、**全部妄想なのである。**

だからまず、「生かされている」という事実に目を向けることである。

「真我」と出会う方法

私が開発したセミナーである「真我開発講座」は、その名のとおり「真我」に出会う研修なのだが、まったく異なる角度から真我を開発する基本的な二つの手法がある。時間的全体から真我を開発する「未来内観」、もう一つは空間的全体から真我を開発する「宇宙無限力体得」という手法である。

あらゆる物事を反対側から見ると、よく見えてくる。

「未来内観」は、「死」から「生」を見る。

あなたも、ご自身のことと思って考えてほしい。

あなたが天寿をまっとうして、今まさにこの世を去ろうとしているとき、自分の人生を振り返って心から「ああ、素晴らしかった、最高だった、なんていい人生だったのだろう」と思え、愛と感謝でいっぱいになってこの世を去る。

これ以上、あなたにとって最高の人生はないのではなかろうか。

しかし、**死ぬときは、今まで価値を感じていた、お金も、土地も、財産も、愛する人も、自分の肉体もすべてあの世には持って行けない。**そのときに普遍的な絶対的な自分に目覚める。

「真我」に出会うのだ。

そのことによって、時間の尊さ、命の尊さ、人のありがたさが見えてくるのである。子どもが親になると親の心が、社員が社長になると初めて社長の心がわかるようになる。

「宇宙無限力体得」は、神の完全な視点から、あらゆるものを見る。

神といっても、一般的に思われているような、何か特定の宗教で言うような神ではない。神とは、宇宙と言ってもいい、まさに私たちの真の実在、つまり「真我」のことである。

私たちは自分の生き方を宇宙の法則・神から見たときに、まったく違う自分、環境、社会がそこにあることに気づく。今まで正しいと思っていた観点、見方がすべてひっくり返ってしまうのである。
不完全な眼鏡で完全なものを見ても、不完全にしか見えない。完全な眼鏡で見たときに、不完全に見えていたもののいったいどこが不完全に見えていたのかが明確にわかってくる。
完全から不完全を見る、神から自分の周りを見る、ということを通して真我を体感するのが、「宇宙無限力体得」における真我開発なのである。

この研修を受講した方で受講中に大変感動し、見事に人生が好転していった実例がある。後日、私に手紙をくれた。この手紙を読んで、私も感動し「なるほど」と思った。素晴らしい手紙なので、読者のみなさんにもぜひ紹介したいと思う。以下、その手紙である。

拝啓――佐藤先生、お元気ですか。「真我開発講座」受講後、自分の心の中がどんどん変化しているので、ぜひ先生にそのことをご報告したくペンをとりました。

私が二十一歳のとき、兄が死にました。性格がまったく違い、歳が四つも離れていたため、私が社会に出るまであまり仲がよくありませんでした。一緒に飲みに行けるようになりかけたころだけに、兄と別れるということは、相当悲しいことでした。

兄はとても優しい人で、私はいつも無理ばかり言っていました。注意されると反発ばかりしていました。それなのに、兄はいつも私に優しかったのです。兄は「マルファン症候群」という大動脈瘤の病気にかかり、一日一日病状が悪化して弱っていきました。

私と妻は毎日病院に見舞いに行きました。兄の彼女は、兄が経営することになっていた美容院の仕事にばかり時間を使ってあまり見舞いに来ませんでした。兄は病状が悪化する度に気弱になり、彼女はいつ来るのかと寂しそうにしていました。そうして兄は死にました。

告別式が終わり、兄が本当にいなくなったと感じたとき、無性に彼女が許せなくなってきました。自分だけでなく、部屋にいる全員の心の中にその気持ちがありました。兄の写真に写っているのは、元気だったころの二人です。

人間がみな、愛でできていて一体だと気づいた今、すべては愛のある愛の行動だということがわかりました。最愛の彼氏を亡くした彼女と私の気持ちは同じだったのです。

私の考えは間違っていました。彼女は兄の夢であった店を結婚して二人でやっていくことを共通の目標として頑張ってきたのです。できることならば、あのときの彼女に謝りたい気持ちです。私の一方的な正義感を押しつけて本当にごめんなさい。彼女を傷つけ、二人を中傷してしまいました。彼女の気持ちを何もわかろうともしませんでした。自分の思っている、考えていることが一番正しいと思っていたことが恥ずかしい。

これから私は、兄ができなかった仕事、親孝行をしていきます。私は兄の愛を私の心の中で増幅させ、両親に私と兄の愛をあふれんばかりに与え続けます。母は、兄が死んだころに比べると少し小さくなったような気がします。

私のことなら何でもわかってしまう力強かった母。その母の背中が小さく見えるのは寂しいものです。私はできるかぎりのことを精一杯していくつもりです。私も兄も父も母も妹も妻も子どもたちもすべて一つなのですから。

全体と個、個と全体が融合し合っています。その中で私たち家族は生かされています。兄は死んでしまったけれども、私たちの心の中では、一つでつながっているのです。そのことを肝に銘じて私は生と死、魂は生きていて私たちと一緒にいることを自覚します。宇宙には時間も空間もないのですから、兄の魂は今でもこの宇宙の中で共に生きているのです。

兄が亡くなって十年経ちますが、兄は今でも私たちにメッセージを残してくれています。今、神という完全なレベルから自分を見ると自分の生き方が情けないのです。私はあのとき思い上がっていました。

二十一歳の私が、兄の担当医から親の代わりに病状を聞くとき、親から任されているという自負が自分にはありました。一人前の男として認められたいという一心で、手術用の輸血の段取りをしたり、親戚を迎えに行ったり、ホテルを手配していました。

そのときの自分は「あなたは偉いね」「あなたは頑張っているね」という褒め言葉を期待し、優越感と満足感のために働いていたような気がします。そんな自分が嫌で、何ヶ月か悩んだこともあります。偽善者を隠していた自分を知り、背筋が寒くなったことがあります。

私はとんでもない人間でした。でも、今この私が愛の塊りであり両親、兄、周りの人々がみな同じ愛であり一体であったことに気づいたことによって、今までとは違った人生を歩むことができます。

兄の死因に病院側のミスがあったとわかったとき、私は医師と大喧嘩をしました。そのとき、母は「先生も一生懸命やってくれたのだから」と私を制しました。私の気持ちを知っていただけに母も辛かったはずです。

私はあのときの母の気持ちがわかりませんでした。わかっているふりをして大人の真似をしていただけだったのです。今、自分が親になり、あのときの母の気持ちがはっきりとわかります。あのときの母の愛は今の自分が子どもに向ける愛よりも深かった。今、自分の子どもにあのときのことが起こったら自分は果たして母のようにできるのだろうか。お母さん、あなたは神そのものです。息子を死に導いた病院や医師でさえ一体として宇宙的に愛しているあなたは神以外にはありえません。あなたは体を張って私にその愛を教え続けていたのですね。偉大な母、ありがとうございます。私は素晴らしい両親を持ったことに感謝すると同時に、あなたの息子でよかったと心底思っています。あなた方と一体である自分が大好きです。

私はこの世にいることをただただ感謝します。これからは自分を愛し、家族を愛し、地球を愛し、宇宙を愛します。ああ、なんて素晴らしいのだろう。頭が心が軽くなってきました。

ものすごく気分がいい。ありがとう。ありがとう。私は今ものすごく幸せです。素晴らしい未来が見えてきました。ありがとうございます。お兄ちゃん、ありがとうございます。お母さん、ありがとうございます。全宇宙、すべての愛よ。私にこんな気づきを与えてくださり、ありがとう。私に真理を感じさせてくださってありがとう。宇宙の真に感謝します。
先生、本当にありがとうございました。お元気でご活躍されますようお祈りいたします。

敬具

私たちは、人間として生きていると自分と相手はみんなバラバラに見える。しかし、もう一歩深い所に行くと、みんなつながっているのがわかる。

兄弟姉妹は肉体的には別々だが、心の世界ではつながっている。兄弟同士幼いときに一緒に遊んだり、病気になったときに介抱してくれたりと、心が一つに結びついているのがわかるのだ。

それをもっと深いレベルである**魂の世界までいくと、親子・兄弟のみならず周囲にいる人たちが別々に存在するのではなく、全部一体であることに気づく。**

心に何の垣根もない世界の存在に気づく。

あなたと私は一つである。

まさに「自分と自分以外の人との一体」を自覚するのが、真我開発の特色である。ところが、世間には親子・兄弟のように身近な存在でありながら憎み合い、顔も見たくない、などと我を張り合っているケースが少なくない。

「真我」を体感すると「いやそうではないのだ」ということがわかってくる。つまり、私自身が兄であり、兄が私自身であることに気づいてくるのである。

そのことに気づいた瞬間、受講者は大粒の涙を流して、「ああ、私はあのときあの人になんということを言ってしまったんだろう」といった感情がこみ上げてくる。そして、大きな反省の心が湧き出してくる。

その反省の心の後に大きな愛が湧いてきて、人に対して恨みの念どころか、愛が生じてくる。

このお手紙を送って頂いた方は、兄と兄の許嫁《いいなずけ》に対して一時憎悪の念を抱いていたが、講座を受けてから、彼らに愛の心が生じてきたと記していた。互いにピタッと一つの心になり、かつてあれほど憎んでいた兄の許嫁のことも、理解することができたそうである。

このように人間の表面を通り越した真我から物事を見ると、普通では考えられないような答えが自分の中から出てくるのである。

これを奇跡と呼ばずに、真実の自分として受け止めていただきたいと思う。

あなたの中に在る黄金の山を知る

私の言葉で「先変力《せんへんりょく》」というものがある。

例えば、私がお茶を飲もうと思って、テーブルの上にある茶碗に手を伸ばそうとする。ところが、途中で気が変わり、ペンを持つこともある。途中で心を変えたから、ペンを持ったわけだ。

仮にあなたが、一流の占い師に運命を見てもらい、「悪い星の元に生まれたからあなたは一生運が悪い」などと宣告されたとする。

こういう場合でも、自分の力で改善する方向に持っていくことができるのだ。

だから、心の仕組みを本当に理解したときに、そういった迷信的なことは全部超越できるのである。まったく問題ではなくなってしまう。

「真我」、つまり本当の自分に目覚めれば、普段私たちが捉えていることは、どんなことでも全体の中のほんの一側面であることに気づくのである。

本当は全部自分の中にあるのだ。自分の中に黄金の山があるのに、それに目覚めようとしないで、占いに頼りたがるのはもう問題外としか言いようがない。そのようなものは、もう卒業しなければならない。

姓名判断によって名前を変える、あるいは現在住んでいる土地の相が悪いからといって引っ越す。これは、その時の自分にとって必要と思うのならば、変えるのは自由だ。姓名を変えるのも親や先祖ともめない限り構わないと思う。それで、よい暗示がかかるのならば、それで結構だ。

しかし、その前にもっとやるべきことがあるのではないか。

自分で自分をどう捉えているのか。本当の自分に気づいているのか。これ以上ない素晴らしい自分、つまり「真我」を自覚しているかどうかが問題なのである。

外から入ってきた情報によって、何が悪いとか何が良いとか判断する前に、自分自身の心の奥にある「真我」に問い正していくことが重要なのである。

障害は、実は財産である

先天性障害者として生まれてきた子供がいる。

例えば、生まれつき手や足がない、あるいは脳性麻痺などの重大な障害を背負っている人が少なくない。

古来、宗教では先天性の障害を、因縁や業《ごう》が深い、ということで片付けていた。障害を背負っている人に対して業が深いとか、因縁が深いという言い方をする人は、まったく心のことがわかっていないと思う。駄目な人に百回、駄目なんだと聞かせたら、いったいどうなるというのだろうか。ますます落ち込んで駄目になってしまうかもしれないのである。

心は、思った分量だけ増えるのだ。だから、相手から「駄目」といわれたら、「駄目」という思いがますます増える。ということは、ますます業も増える、ということなのである。

しかし、それはあくまでも心の世界でしかない。

その奥の魂、つまり、**本当の自分（＝真我）に目覚めたときに、人間は完全な宇宙そのものであり、愛そのものであり、神そのものであることを自覚す**

ることができるのである。

それを自覚すると、因縁や業などというものは、途端に消えてしまうのである。たとえ生まれつき腕が曲がっていようと体がどうなっていようと、魂の奥から物事を見たら、大した問題ではなくなってしまうのだ。そこからが出発なのである。

どんな人だって、オギャーと生まれたときにすでにそれぞれの性格を持っている。赤ちゃんでも性格はあるのだから、真っ白ではない。それと同じと思えばよいのだ。腕がどうなっていようとも、目が見えなくとも同じだと思えばよいのである。そこからが出発、それを土台としてどう考えるかのほうが大切なことなのである。

まずは「真我」、つまり、本当の自分に目覚める。

そしてもう一つ重要なのが、「今が出発である、与えられている現状がスタートラインである」と考えることだ。

生まれ落ちたとき、金持ちであろうが、貧乏であろうが、障害者であろうが、**「こ**

れが最高の出発なのだ」と自覚することが大切なのである。

運命を好転させた一言

以前、愛媛県で講演を行った時、その会場の一番後ろに車イスに座りながら熱心に話を聞いている一人の青年がいた。

講演直後に私はその青年と、十分ほど話をして、東京に帰って来た。そして、数日後その青年から、一通の手紙をいただいた。

「ありがとうございました」

手紙の冒頭にこう書かれていた。以下内容をご紹介する。

「私は大人になってから、交通事故で車椅子生活になりました。残りの人生はずっと車椅子ですよ、と医者から言われたときに目の前が真っ暗になりました。なんで自分だけがと自分の人生を呪いました。そして何回も自殺を考えました。何度死のうと思ったかわかりません。これから一生車椅子の生活と思ったら絶望しました。私にはいろいろやりたいことがあったからです。でも、それらの希望はすべて霧のように消えていきました。

いろいろな方が声をかけてくれるけど、一つの励みにもなりませんでした。かえって私を馬鹿にしているのではないかと思ったこともあります。でも、あの講演会で佐藤さんは私のところに寄ってきて、車椅子のかっこうの私を指さし、突然こう言われました。

『あなたは素晴らしい財産を持っているじゃないか。』

その時私はびっくりしました。何が財産だと思いました。あなたのその車椅子の格好は財産だよ、と佐藤さんは確かに言われました。

『そうじゃないか。この会場に三百人いるけど、あなたと同じ格好の人は一人もいないじゃないか。しかし、世の中にはあなたと同じ格好をしている人がたくさんいるんだよ。あなたが今、私の話を聞いて物事をプラスにとらえる発想をしたならば、今、この瞬間からその車イスの格好が財産に変わるのだよ。なぜなら、世の中で天才といわれている人は、あまりいろいろなことをしないからです。

王貞治さんは野球のボールをただ遠くへ飛ばすことだけを何十年も考えて実行してあれだけ世界的に有名なバッターになったのです。その代わり政治や経済のことを何も知らなかったかもしれません。しかし野球のことだけを考え続けていたからこそ、世界の王といわれる人物になったのです。ホーキング博士を見なさい。体が不自由だからあれほどの大科学者になったのかもしれないでしょう。健康であるために、いろいろやり過ぎて中途半端な人生を送っている人もいるのです。

あなたもこの車椅子の格好を逆にチャンスと思って、一つのことに専念することを探しなさい。徹底的にそれに専念して、それに生涯をかけなさい。そうすれば、あなたは誰にも負けない天才になれる。健康な人が絶対味わうことのできない深い人生を、味わうことができるのです』

佐藤さんがこうおっしゃったとき、私はまさかこの体が財産などとは思いませんでした。驚きましたし、びっくりしました。私はそれ以来毎日、佐藤さんの言葉を考えていました

私は佐藤さんがおっしゃったこの車椅子の体を生かして、絶対に天才になります」

私はこの青年の手紙を見て、大変感動した。私のたった一言で、ここまで前向きな考え方に変わったのだ。

この手紙が来てから三年の歳月が過ぎたころ、この青年からまた手紙が届いた。これがその文面である。

佐藤康行先生

謹啓――――梅雨のうっとうしい時候です。御無沙汰しております。三年前、四国の愛媛の伊予三島市で先生がご講演くださりましたおり、車椅子で参加させていただいた者でございます。

あのとき、佐藤先生は私の姿を見るなり「君は素晴らしい財産を持っているね。こんな財産誰も持っていないよ」とおっしゃってくれました。

私は目から鱗が落ちました。あの日以来、私は誰も持っていない特別ないいものを持っているんだという気持ちを常に持てるようになり、せっかく気づかせてくださった長所だから何とかして生かさなければ、と考えるようになりました。

そしてもう一つ、佐藤先生はあの日、「心からわくわくすることをしなさい」ともおっしゃいました。

私は事故に遭ったとき、大学工学部の学生でした。元々エンジニアの道に進みたいと思い、大学に通っていましたが、不自由な身体となり、諦めていました。自分が本当にやりたいと考えていたのは理工系の仕事であります。

何とかどうにかしてよい仕事はないものかと探していましたら、勉強会で知り合った方からのご紹介で設計をするためのコンピュータソフトを開発販売している会社の社長さんと出会うことができました。図面を描くという作業は現在ではコンピュータがしてくれます。コンピュータの操作は不自由な体でもできるのです。

私はその社長がデモしてくださるのを見て、わくわくしました。「これだ！」と思いました。自分のしたいことと、自分にできることがあったのです。その社長は、「君の目を見ていたら、成功できるということがわかった。全面的にバックアップするからやってみろ」とおっしゃってくださり、仕事をさせてもらえるようになりました。

一つ目標が達成しました。今では少し信用もできたのか、仕事の量も増えてきました。やはり、人よりも何倍もの時間がかかるので、土曜日曜も関係なく仕事をしております。不自由を言い訳にしていたくありませんから、人の三倍努力すればなんとか一人前のことはできます。

少しオーバーワーク気味で疲れますが、佐藤先生、どんなにしんどくても楽しくて楽しくて仕方がないのです。

いつの間にか、どんなことでも楽しみに変えてしまうフィルターを身に付けたようです。佐藤先生のお言葉で目から鱗が落ち、それからというものは気味が悪いくらい人生がうまく前進しております。佐藤先生の一言が私にとりましてまさしく「成功と幸福を呼ぶ言葉」となりました。本当にありがとうございました。

不快な時候ですが、くれぐれもご健康にはご留意され、ご活躍ください。ますますのご発展を心からお祈り申し上げます。

平成7年6月15日

桂誠治

乱筆、お許しください。

現在の状況はどうであれ、嘆いてみても始まらない。

何の解決にもならないのである。それどころか、ますます事態を悪くするだけである。そうではなくて、**天から与えられた才能に気づき、そこを出発点として考える。**

ここからどうするか、それが生きていくうえで一番重要なことなのである。

いかかだろうか。三年前にたった一言、言われた言葉をずっと考え、実行し続けられる人は、果たしてどのくらいいるだろうか。百人いて、何人の人ができるだろうか。逆に健康な人にはわからない場合が多い。

私の一言を三年間実行して、心から嬉しい喜びの人生を送っていると書かれているのだ。

自殺を考え、神も仏もいるものか、と思い人生を呪っていた人が、本当に喜び一杯の人生を送っている、と手紙に書いてある。

あなたには、これをご自身の事としてお考えいただきたい。

この青年にとっては車椅子というのは最大のプレゼントといえるのだ。

変わらない人は、何を言っても、何年かかっても変わらないし、この青年のようにたった一言で人生が変わる人もいる。

まさに地獄から天国になったのである。受ける姿勢がいかに大切かがわかる。出会いを生かせる人、出会いを生かせない人、それによってあなたの人生に雲泥の差が出てくるのである。

人生をオセロゲームにたとえると、人は生まれた時、すでに白星であり、途中どんなに黒星があったとしても、今の心を最高にすればパタパタパタとすべて白星に変わっていくのだ。何ごともすべて私たちの今の心が作っていると自覚すると、人生は変わるのである。

過去を変える方法、そして未来を変えていく

黒星が、ずっと後になってから実は白星だったとわかることがある。黒星があったからこそ、これだけのことを思えるようになったんだ、と気づくことがある。

自分が痛い思いをしたから、人の痛みがわかるようになるのだ。あの時の挫折があったから、思慮深く考えられるようになったり、ノウハウになったりするのだ。

一見、悪いことだと捉えていたものが、「どれもこれも私にとっていいことなんだ。私に必要なんだ」と思えるようになってくる。

ということは、**黒星はもともと、白星であるといえる。黒星と思い込んでいただけに過ぎないのだ。過去は変えられるのだ。**

心の世界においては、オセロゲームのように今を白星にしたら、パタパタパタと全部黒星を白星にすることができるのである。

私が開発した「真我開発講座」というセミナーでは、受講生の方に大往生していただいて、そして生まれ変われる、ということを体験していただくものがある。

自分の人生を振り返って、心から「ああ素晴らしい人生だった。最高だった。いろいろな人に囲まれて、愛に包まれて、もうやることはやった。悔いはない。最高だった」と言って、あの世に旅立ってもらう。

もちろん本当に死ぬわけではない。

未来の大往生、肉体人生の終わりが白星になったら、その過程にいろいろなことがあっても白星なのだ。

過去も未来も全部、今の心で変えられる。それほど使いようによっては、心は過去も未来も自由に変えることができるのだ。そして初めて時間の尊さを知り、人のありがたさに感謝の心が出てくるのである。

悪い事だと思っていた過去も、未来への不安さえも、自由に変えられる。

こう悟ったとき、私の心の中にこのような言葉が生まれた。
「今に生きる」という言葉である。私はこの言葉を指針にして、ときおり唱えるようにしている。

〔今に生きる〕

今がチャンスだ
今が最善
今の中に過去のすべてが入っている
今の中に未来のすべてが入っている
今を変えれば過去のすべてが変わる
今を変えれば未来のすべてが変わる
今を変えれば周りのすべてが変わる

今に生きれば生命が活動する
今に生きれば魂が輝く
今こそチャンスだ
今ここに縁がある
自己を変えるチャンスは今しかない
今、今、今、今の中にすべてがある
今、決意せよ
今、行動せよ
今、すぐ変われ
人生とは今のことをいうのだ
過去のことをグズグズ悩むな
過去はどこにもないのだ
未来のことを心配するな
未来はどこにもないのだ

今の心の中に過去も未来もあるのだ
今に感謝せよ
今を愛せよ
すべてが完全なのだ
今とは宇宙のことをいうのだ
ありがとう
ありがとう
今に感謝

先祖からの「因縁」を超越する

今の自分が白星になれば、先祖の因縁まで白星にすることができる。

たとえ先祖にとんでもない人がいたとしても、今自分が生きているのは、先祖がいたからなのだから、そのことに心から感謝できると、因縁が白星に変わっていくのである。

「因縁」とはいったい何であるのかを考えてみよう。

「因」というのは、タネとも読む。桜の種や牡丹の種やチューリップの種からは、それぞれ桜と牡丹とチューリップにしか咲かないようになっている。種の段階で将来どういう花が咲くのか、設計図が決まっているのだ。それが「因」であり。因子だ。これは先祖からいただいたものである。

しかし、この種は「縁」に恵まれなければ咲かないのだ。種を机に置いたままにしても咲くことはできない。

土との縁、水との縁、太陽との縁、肥料との縁、あらゆる縁に恵まれて花が咲くのだ。これらの縁に恵まれて初めて、この種が生きてくる。因子が生きてくるのだ。

人間も同じである。

人間も種と同様、先祖からいただいた性格という因子があるが、人と人との出会いによってその因が花に変わるのである。

だから、因縁はそれほど難しく考える必要はない。とかく因縁は、悪いものとして捉えられる場合が多いが、悪い良いということが問題ではない。

わかりやすく表現するならば、心の癖と言いってもいい。例えば、親がガンになったら自分もガンになりやすいとか、親が高血圧だったら自分も高血圧になりやすい、などと言われている。なぜ、そうなるかというと、親と子どもとでは性格が似ているからなのである。ただ、それだけである。性格が似ているから、同じような病気になるのだ。

因縁は生かすこともできるし、超越することもできる。しかし、本当のことを知らなければそうはならない。

過去は自由に変えられるのだ。過去の事実は変えられないが、事実がどうであったかは、本当は私たちにとって問題ではないのだ。

事実をどう受けとめるのかが重要なのである。

例えば、あなたにとって気にくわない人がいたとする。意地悪ばかりして嫌な奴だと思っていても、後になってあの人の行為は実は愛だったのだと思えれば、まったく別の見方に変わる。

事実が存在した、というのではなく、その事実が良かったか悪かったかが問題なのである。

今まで悪い事実だと思っていたことが、よい事実だと思うことができれば、過去の体験はすべて良かった、ということになるのである。

第三章

真の成功哲学とは宇宙能力の開発

潜在意識から無限の宇宙意識開発へ

運勢を好転させるという趣旨の啓蒙書や、成功哲学を謳っている本を読むと、潜在意識を活用すればよいと書かれているものが多い。

よく、意識の世界を氷山にたとえて図に描くことがある。水の表面に出ているのは氷山の全体のほんの一部だが、水面下に沈んでいる部分は氷山の大部分であり、一般的には水面の上に出ている氷山が顕在意識、水面下の氷山が潜在意識にたとえられている。その水面下の氷山の下には何があるかというと、地球があり、宇宙がある。この図から考えてみても、人間は潜在意識の活用だけでは不十分といえる。

本来は、宇宙能力開発からいかなければいけないのである。

宇宙全体から見ると、宇宙能力の中の潜在能力であり、その中の顕在能力なのである。

人間の心が潜在能力だとしたら、「真我」が宇宙意識である。この「真我」が個性化したものを「魂」といってもよい。

この宇宙意識が持つ「宇宙能力」を開発することが重要なのだ。それは、無限の愛であり、無限の知恵であり、最高のものなのである。すでに完全であるということの自覚（本当の自分を知るということ）が宇宙能力の開発といえる。それを実現する手法が、私が開発した「真我開発講座」なのである。

宇宙意識とそれぞれの人間の魂とは、コンピューターの本体と端末機のようなものであるとたとえる人がいるが、本来、宇宙意識と人間の魂とは同じであり、一つなのである。しかし、実際にはそれを意識しないで、生きている人が圧倒的に多い。

自分と宇宙意識とは独立した形で生きていると思い込んでいる。例えば、実際はお茶なのに、ジュースだと思って生きているとする。最後までジュースだと思い込んでいたら、その人の心にとってはジュースだ。しかし、事実はお茶なのである。この事実が真理そのものであり、宇宙意識であり、本当の自分の姿なのである。

その**真実を自覚しないで生きている人は幻の世界で生きている、**と言った方がいい。**事実に目覚めれば、自分の魂と宇宙意識がすべてつながっている、一**

つであるということに気づくはずなのだ。

人間の心は無限大でなければならない。

しかし、人間の心というものは、その人が認めた量だけがその人の量であり、その観点でいくと無限ではなくなる。人間の心は、自分はこれだけの量、あの人はあれだけの量と限定したら、限定した分量にしかならない。

むしろ、宇宙の心は最初から無限大であると自覚することが大切なのだ。顕在意識や潜在意識など限定された心だけではなく、無限大の宇宙意識を認識することが、これからの時代の生き方といえるのである。

自己暗示で意識を活性化する前に

潜在能力開発に関していえば、「イメージトレーニング法」という方法が、一般に知られている。

例えば、「億万長者になりたい」という願望を持つ人がいたとする。その人は、自分のイメージ力で自分が億万長者になったときの姿を具体的に思い描くのである。

スポーツ界でもこの方法が採用されている。

有名な野球の選手はバッターボックスに入る前に、自分がホームランを飛ばす姿をリアルな形で何回も思い描くそうである。

イメージの世界で思い描いたものは、現実の世界でもその通りになるということで、潜在能力開発の指導者がこの方法を指導の現場で採用している。

しかし、私はこのイメージ法に疑問がある。

今はもう、億万長者や社長になったイメージを思い描く時代ではない。

己を知らないで、イメージだけでなんでも思い通りになるという発想自体、間違っている。

犬が猫になろうとする、あるいは猫が犬になろうとするのと同じである。一種の自己暗示にすぎない。そういうイメージを持っても仕方がないのである。犬は犬、猫は猫であり、まず犬は犬、猫は猫であることに気づくことなのである。

会社の人間が全員、社長になってしまったら、会社は機能しない。そうではなくて、まずは**自分を知る、自分の役割を知ること**が大事だということに気づかなければならないのだ。

犬が猫であると思い込ませるのは、一種の洗脳である。

洗脳とは、頭で無理やりそう思い込もうとすることであり、自然体ではなく無理がかかっている。

犬は犬、猫は猫という真実に気がつくということ、これが物事の真実に気づくことなのだ。犬を猫だと思わせるのは、逆をやっているに過ぎない。

社長に全然向いていないにもかかわらず、社長になるのが人生の成功者であると思い込んで、社長になったとする。このようなことをしても、社長になってから、とてもない苦労を味わい、平社員でいたときよりも不幸になったということもたくさんあるのだ。

成功イメージと決別する生き方

確かに、成功したイメージを思い描くということは必要な場合もあるが、それだけではやはり浅いと私は捉えている。

それは己を知らないで単なる想像力でイメージしているに過ぎないからである。

想像というのはいくらでも広がっていく。己を知らないで、あるいは自分の適性をまったく考えないで想像力だけで行うと、現実とのギャップで返って苦しむことになる。

だから、**目標や夢を心に抱くのは大事なのだが、その前に己を知ることが必要**なのである。

「青年よ。大志を抱け」

と、北海道の若者に向かってクラーク博士が言ったことがある。私は、以前、北海道に行ったとき、この言葉に一言加えた。

「青年よ。己を知って、大志を抱け」

社長に向いていない人が、社長になることが成功だと思って社長になったとしても、後になってから苦しむケースが多い。もともと社長に向いていないのだから、さまざまな意味で大変な目にあって、気苦労したり、大病したりするのである。そうなると、いったい何が成功なのかということになってしまう。

一番大事なことは、自分自身を知ることである。そしてそのうえで自分を最大に生かす目標を持つということだ。それが一番進んだ成功哲学なのである。

しかし、己自身を知るということは、自分の力の限界を知るという意味ではない。

これが限界と思ったときが限界であり、その時点で自分を限定するのではなく、もっと根本的な自分自身の本来の姿を知るということである。

犬は犬、猫は猫。犬が猫になろうとしても、ゴキブリがゾウになろうとしても無理な話である。それは己を知らない哀れなピエロである。だから、まず己を知る。自分が大きいか小さいか、あるいは自分が偉いか偉くないかを知るということではない。宇宙には大きい小さいもない。ましてや社長が一番偉いわけでもない。

社長にはみんなを引っ張っていく役割がある。みんなを率いている社長も偉いし、それぞれの部署についている従業員もみんな偉いのである。ただ、役割の分担が違うだけである。

人間にはそれぞれ天から与えられた使命、天命、役割があるのだから、その自分の役割に気づいて、その役割を一番輝かせるような生き方をしていただきたい。

前世を知ってもあまり意味がない

若い人は自分の内面を深く知ることに、大変強い関心を持っているようである。占いに関連するものがブームになり、催眠術で自分の潜在意識がどのようになっているのかを知りたがる人もいる。

「前世退行催眠術」という催眠術師の誘導によって自分の年齢をどんどん下げていって前世まで遡り、そのときの状況を知る方法がある。中には予約をとることが難しい催眠術師もいるらしい。

この催眠術が好まれる理由は、自分の潜在意識を知ることにより、今の職業や役割が自分に適しているかを知ることができるからである。

しかし、催眠術というのは、一種の洗脳的な部分がある。思い込みの要素が強いのである。本来の自分は、何も催眠術などかけてもらわなくても、「真我」に目覚めれば自分の役割が自然にわかってくるのである。

真我で判断した方がよほど有意義である。

催眠術で前世を知ったといっても、本当に自分の前世なのか、それをどうやって証明するのだろう。百人の催眠術師にかかって、みな同じ前世が出るともかぎらない。もし、間違った前世が伝えられたならば、それ以降間違った方向に進んでいくこともあり得る。であるなら、催眠術で前世を知って、それを判断基準にするのは難しいのである。仮に、前世が何であるか言い当てられたところで、今生で何かしていただけるわけではない。

大切なのは今なのだ。私たちは過去や未来にこだわる前に、今現在この一分一秒を生かして生きることに全生命を傾けていくべきなのである。

何かに頼らなくても運勢が向上する

「サブリミナルテープ」というものがある。再生すると、普通の音楽が流れてくるが、音楽の中に耳に聞こえないメッセージが入っているそうだ。耳に聞こえないメッセージは、その音楽を聴いているだけで潜在意識に働きかけて、影響を及ぼすという。例えば、人前であがらないというメッセージが入っているテープならば、それを耳にしていると自然にあがらなくなるそうである。

それ以外にも、記憶力がよくなるとか、ビジネスで成功を収めるとか、自信がつく、などの効果があり、継続して聴いていると、メッセージ通りの人間像になるとのことである。新聞や雑誌の広告にも出ているので、購入する人も多いようだ。

しかし基本的に、後から何かを付け加える手法は自己を変えるためには必要ない場合がほとんどである。なぜかというと、天あるいは神は人間が何かを後から付け加えなければ、本当に大事なことをわからないようには作っていないはずだからである。

何か余計なものを付け加えたりすると、返って本来のものがわからなくなる可能性があるのだ。

では、どうすればよいか。

人が人の本来の姿を引き出していく方法が一番よいのである。人間対人間の中で本来の姿を引き出していくのである。

神社やお寺でお参りしたら運勢がよくなる、高価な仏像を買ったら自分の運勢をよくしてくれる、などと考えている人が非常に多い。宗教を根本的に間違って解釈している。

神社や仏閣あるいは仏像が何かをしてくれているのを待つのではなくて、自分の中にすべてのものがあることを悟ることが大切なのである。

しかし、ここで誤解してほしくないのは、私は神社やお寺にお参りする行為自体が間違っているということではない。仏像に何かしてもらおうという行為に問題があると言っているのである。

誰でもお釈迦様や観音様のあの柔和な顔を見ていると、心が落ち着いてくる。ありがたい気持ちになって、自分の心の中に反映して、自分の本来の心が引き出されてくる。それが運勢を良くすることにつながるのである。ニコニコしている人の顔を見ると、心が和んで気分がよくなり円滑に物事を進めることができるのと同じである。

自分の中にあるものを引き出すという観点では、「サブリミナルテープ」でもよいかもしれない。ただ、基本的なスタンスとしては、人間が人間に本来の姿を引き出してもらうことが一番良いのだ。

お寺に収められている仏像に、大勢の参拝者の念がこめられているから、新しく参拝した人に作用するという説もあるようだ。しかし、私はあくまでも自分の運命を作るのは自分の中にすべてあると考えてる。

だから、呼び水として仏像が参拝者の本来の姿を引き出すということは考えられるが、仏像それ自体に宗教家が主張するような大それた力があるわけではないと思っている。

能力を無限にするために

あなたが本気で、ご自分の能力を今の何倍にもしたいと思うのなら、潜在能力を開発するだけでは不可能だ。

自分の能力を無限大にするには、潜在能力開発と同時に調和力が必要である。

調和の力とは、あなたの人間性そのもののことを言う。あなたの周りにいる人々が、あなたに心の底から協力したくなるような人格になることである。

これは単に考え方のことを言うのではない。

あなたの心の奥の奥にある「真我」を開発することである。

「真我」を開発すると、あなたのやる気、成すこと、言うこと、すべてが人々を引きつけ、まるで天が動くように、あなたに起きることが好転していくのである。

人間の身体は、六十兆の細胞でできているといわれている。

世界の人口は六十八億人（二〇〇九年の推定）。その約一万倍近い六十兆の細胞を、あなたはご自分の頭で、どうやって動かすつもりなのだろうか。

中途半端な考えで、自分の身体や人生を運転すると、必ず病気や争いごとなどの事故を起こし、寿命を縮めることになるのだ。

これからの時代に向けて、人間が一番考えなくてはいけないことは、脳細胞を開発することよりも、本来自分の中にある真我を体感して開発することなのである。

なぜなら、脳細胞を含めた六十兆の細胞を動かしているのは、愛であり、調和であり、宇宙の法則つまり「真我」そのものだからである。

「真我」を開発しないで、脳細胞だけを開発しても六十兆の細胞のほんの一部を、開発したことにしかならないのである。

人間にとって、脳細胞を開発することは必要なことだが、それは自分の中のほんの一部の開発にしか過ぎないことを、自覚していただきたいと思う。

この本を読んでいるあなたは、きっと私と目に見えない縁があるはずだ。この縁を生かすためにはあなた自身が自分から変わっていくことである。他人事ではない。私の言っていることを魂の底から感じ、実践する人は、目覚ましい勢いで仕事を発展させ、素晴らしい人生を体感されることだろう。

意識を高めると見えるもの

私は、研修や講演などであらゆることを質問される場面が多い。そのとき、どんな質問を受けても、考え込まないで即座に答える姿を見て、みなさん非常に驚かれる。なかには深刻な悩みや複雑な悩みを抱えていて、解決の糸口が欲しくて質問する人もいる。そのようなときでも、私が瞬時に具体的な回答をするので、なおのこと驚かれるようである。

どんな訓練をして、そのようになったのですか、と尋ねられたこともしばしばある。そんな時、私は特別に訓練はしていないが、意識を高めれば誰でもこのようになれると答えている。


例えば、山に登るとわかるのだが、山の中腹から見る風景と、頂上から見る風景は違う。一番高い頂上から見ると、視野が開けて遠くの景色まで把握できる。遠くにどんな色の屋根がどんな形で作られているのかもわかる。

山の麓にいたときは、少ししか見えなかったものが、頂上に行けばもっと多くのものが視野に入ってくる。

意識が低いときはまだ麓、意識が高まると頂上の段階に達すると考えればわかりやすいだろう。

高い意識になれば、今まで見えなかったものが見えてくるのである。

これは、頭の善し悪しではない。頭や知識の世界ではないから、知っている知らないの問題ではない。自分の知らないことでも答えられるのである。

潜在能力開発を謳ったいろいろな本には、記憶力を高めるとか、創造力を高めるとか、集中力を高めるなどといったメニューがあり、それぞれのメニューに応じたカリキュラムをこなして能力を開発するようになっているようだが、意識を高めるとそういった説には囚われなくて済む。集中力や創造力に対する意味がまったく違ってくる。全然違うところに創造力が働いたり、集中力が働いてきたりするからだ。

自分の周りしか見ていなかったり、自分の会社しか見ていなかったりしていた場合、あるきっかけで目覚めて意識が高まれば、当然ものの見方や考え方が変わってくる。

例えば、月の裏側は普通の状態では見ることができない。ロケットを飛ばして、月の裏側まで達すれば、裏側がどうなっているのか把握できる。

今まで、物事をほんの一面しか見ていなかったのが、ある日見えてくる。そうなると、創造力や物に対する観点や価値観も当然変わってくる。

例えば、死ぬほど好きな人がいたとする。好きな人を本気で好きになり、何とか自分の方に気持ちを向けさせたいと思うのならば、集中力が出てくる。好きな人を獲得するのに成功して、一緒に過ごす光景を空想すると創造力も出てくる。相手がどうしたら喜んでくれるのかと、あれこれ考えるから企画力も出てくる。であるから、一つのことに本当に真剣に取り組めば、一つの能力だけでなくさまざまな能力が自然に出てくるのだ。

本当に求める心があるのならば、能力や才能は必然的に後からついてくるということである。

人前で話をするとあがってしまうと、私に悩みを打ち明ける人がいるが、真剣な気持ちで人に自分の意思を伝えたいと思ったら、あがらなくなる。

あがるというのは、自分がどう見られるかという、小さな単位でしかものを考えていない証拠である。本当に命懸けになれば、相手のことをまず考えるから、あがるということはなくなるのである。

私が主催するセミナー「真我開発講座」の受講者には、最初の自己紹介のとき、緊張して人前で話せなかった人が、真我を体感した後、まったくあがらなくなり、すらすらと話ができるようになっている。

この研修では、もともとあった自分の深い心を言葉にして出す。心を言葉にして出すということは、本当にあるものをそのまま出すだけだから、あがりようがないのである。

そう考えると、テクニックであがらなくする方法は必要なくなるのではないだろうか。

人が意識を高める

意識が高い人と付き合うと、自分の意識レベルが引き上げられる。

人間は本来、人間の持っている能力を引き出すことができるのである。

逆に、自分よりも意識レベルが低い人たちと付き合う場合、その人たちを見て反面教師として自分の意識の向上に役立てるという説があるが、私はもっと別の観点から見ている。

自分の意識を高めれば、まだ意識レベルが発展途上にある人や、意識の低い人を高いレベルに引き上げるきっかけをつくることができる。

私は、以前ある刑務所で一時間講演を行ったことがある。

刑務所で講演を行うことは、僧侶と牧師くらいなものだそうだ。しかし、私は以前からぜひ刑務所で講演をしてみたいと思っていた。それが、実現したのである。

七百人ほどの受刑者がその刑務所に収容されていた。暴力団の組員が大半を占めていた。覚醒剤の中毒者をはじめとして、殺人犯も十数人いた。受刑者服を着た丸坊主頭の男が、七百人もいる様は不思議な光景に映った。

女性の姿が一人もいないというのも、奇妙に見える。私が演壇に立った時、瞬間的に感じたイメージは色で、表現するとまさに灰色といった感じだった。それが、何を意味しているのかわからない。しかし私は決心した。

「よ〜し、私の講演でこの灰色の空気を吹き飛ばしてやるぞ」

私は、全身汗まみれになるほど受刑者の前で熱弁をふるった。

後で聞いた話だが、受刑者は普通、講師の話をあまり熱心に聞かないそうである。中には大げさに手足を伸ばして、講師の話に退屈しているという意思表示をする者さえいるそうである。しかし、私が話している最中、そのような態度をする者は一人もいなかった。熱心に食い入るように私の話に聞き入っていた。

講演が終わった後、受刑者の何人かが私宛に感想文を送ってくれた。私は「真我開発講座」の受講生にこの感想文を読んで聞かせるが、みな感動してくれる。

以下、その受刑者の感想文を紹介する。

〈刑務所・感想文〉人生自由自在を聞いて――　M・H

講演を聞いて私はとても感動いたしました。そしてその内容を聞いて、本当に実感させられることが、たくさんあり、とても私のためになる一時間の講演だったように思います。

なかでも、とくに感じたことは、先生の話の中で、家族を大切にしないやつは、他の人など幸せにできないどころか、自分も幸せになれないというところです。本当にそのとおりだと思います。私の人生もその一言だったように思います。私は本当にこの講演を聞きながら、自分に問いかけました。本当に俺のことを言われているような気にもなりました。

私は今まで、三十何年間の人生で、本当に周りの愛すべき人たちを裏切り、迷惑をかけ、どれだけ不幸にしてきたかわかりません。本当に自分勝手なことばかりして、この刑務所等にも世話になっています。いつもここに務めている間は俺はもう、今度出所したときは、絶対にやらないぞと思いながら出所するのに、また自分勝手なことをして、何度もここでの生活です。その度に、娘や父母に心配をかけ、迷惑をかけ、寂しい思いをさせてきた大馬鹿者と、講演を聞きながら、自分のことが頭の中に出てきたのです。家族を大事にしないやつは、と言われた途端、頭を何かで殴られた感じでした。私には、中学生になる娘が一人います。妻とは別れていて、今娘は私の実家で私の父母と暮らしているのですが、私が父に出した手紙は住所の書いてない手紙です。

私はそれだけでも、本当にいつも娘に済まないという気持ちなのです。そうですよね。どこに今時誰が自分の父に出す手紙に、娘が見たら困るので住所の書かない手紙を出している悲しさ……。

自分が悪いのです。この気持ちは、いかに自分が家族を不幸にさせ、心配をさせているかの現れだと感じています。この事実がある間は、私は幸せになれないと、今回の先生の講演を聞いて、また頭を先生の言葉でガーンと殴られた気がします。

考えてみると、その住所のない手紙で、娘はうすうす感じているみたいです。私の父に言ったそうです。「パパ、またなの」と。それだけで、家族を不幸にしています。本当に反省し、もうこりごりだと思っています。私は話を聞いて、これから二度と住所の書けない手紙は、絶対に書かない人生を送ろうと心に決めたのです。

話は私事になってしまいましたが、本当に先生の話のとおりに、これから家族を絶対大事にしていくことを決めました。そのためには、やはり話しにあったように、やるぞやるぞという気合と努力、そして自分を信じて頑張ること。何事も頑張らないと、仕事もうまくいかないし、家族も自分も幸せになるために、頑張りたいです。

本当によい話をありがとうございました。私も頑張り、私の周りを幸せにすることを考えながら、生きていこうと思っています。

本当に佐藤先生の講演で、目が覚めました。頑張ります。本当にありがとうございます。最後に私の体が財産です。本当にありがとうございます。

講演・人生自由自在を聞いて――――　H・T

十一月の行事予定を見たとき、十二日「講演」となっていたので、「あ～あ、またどこかの坊さんか偉い先生の難しい話なんだろうなあ。つまんないなあ」と正直思い、気が滅入りました。更に悪いこと（？）に、その講演の感想文を書くように言われ、文章を書くのが苦手な私は、それが嫌で講演当日、仮病を使って欠席しようかと考えたほどでした。

当日、舎房を出て講堂に入り、椅子に座って待っている間も「どうかあまりややこしい話じゃないように」と心で祈りながら黙想していました。

号令があり、目を開けてみるとステージ上に看板があり、『佐藤義塾　佐藤先生・演題　人生自由自在』と書いてあり、それを見て私は、「あ～あ。やっぱりどこかの偉い先生だ。こりゃ、困ったぞ」と思いましたが、もうここまで来たらどうあがいても仕方がない。よ～し、こうなったら佐藤先生の言うことを一言も聞き漏らすまいと開き直り、腹を据えるとなんとなく気が楽になりました。

しばらくすると、厚生統括さんの大雑把な話があり、いよいよ講演の始まりです。

するといきなり女性の声のナレーションが入り、佐藤先生のプロフィールがテープから流れてきました。なかなか凝った演出の幕開けです。やがてそのテープも終わり、佐藤先生の登場です。パッと見た感じは、どこにでもいる普通のオジサンというのが第一印象です。が、この人どこかで見たことがあるなあと思い、さっき聞いたプロフィールテープの内容を思い返してみて、ハタッと気づきました。東京・神田で立ち食い形式のステーキ店「くいしんぼ」を開店したオーナー、その人ではありませんか。二、三ヵ月前のテレビで、大声で店長以下社員に喝を入れていた人で、なんてタフで精力的な人なんだろうという印象が残っています。今、その人が目の前で話をしているのだと思うと、なんとなく親近感を覚え、講演が始まる前の緊張感やプレッシャーがまるで嘘のようにスーっと消え、リラックスでき、次はどんな話が出るのかと楽しみになってきて、どんどん引き込まれていきました。

佐藤先生は地元、北海道・美唄の生まれで、貧しい家庭に育ち、つっかえ棒をした家に住んでいたほどで、それが恥ずかしくて友達を家に呼べなかったという苦い経験もあり、その他いろいろな苦労などエピソードを交え、わかりやすく語りかけるように話してくれ、そのときの気持ちが滲み出て、こちらにシッカリ伝わってきました。

もう貧乏は嫌だ。きっと金持ちになってやるぞという一心で、中学を出ると同時に東京に出てきて、定時制の学校に通うかたわら、皿洗い、化粧品・宝石のセールスマンなどと職を変え、ついには年商何十億円という実業家になるまでには、数え切れないくらいの失敗、苦労があったはずなのに、それら苦労をものともせず、つぎつぎと乗り越え、自分の人生の糧、エネルギーとしていく話には、驚くものがありました。

とくに先生の話の中で印象に残ったのが二つほどあります。まず一つは「人生何事もプラス思考」。失敗は成功のもとというように、すべて良い方、良い方と思う心。これが大事だということです。仕事をするにも、受け身じゃなく、積極的に自ら進んでやることが大事。どんな仕事でも人にやらされていると思うと嫌になるに決まっています。そうじゃなく、自分のために、自分から進んでやれば、辛い仕事も楽しいものになると言いたいのだと思います。ややもすると、われわれ受刑者はなぜ働かなくては？　と疑問に思うことがあります。が、しかし、これも社会復帰に向けての試練・糧と思えば、大した苦にならないんじゃないでしょうか。私は先生がそう言いたかったのだと思います。

そしてもうひとつ。

「親と子の関係がうまく運べば、人生すべて円滑。親子関係は人の世の原点」

この言葉に私の胸は痛みました。というのも、今回で三回目の受刑生活となります。が、犯罪の道に走るようになってからというもの、田舎の母には何の連絡も入れず、ただ自分自身の欲望のなすがままに生活し、今では生きているものやら、死んでいるものやら、それすら定かではありません。我ながらなんと情けないことか。いえ、今まで何度か電話をしよう、家に帰ろうと思い、途中まで行ったことはあります。が、そこで足が止まってしまうのです。怖いというか、恥ずかしいというか、勇気が湧いてこないのです。でも、先生の話を聞いて、チョッピリ勇気が付きました。まだまだ先の話ですが、ここを出所したら今度こそきっと母親の元へ顔を出そうと思います。会ってくれないかもしれません。それでもかまいません。とにかく一度、生まれ育った故郷に帰り、一からやり直してみようと思います。

急にこんな気持ちになり、私自身、変な気分です。が、これも佐藤先生のおかげです。本当にありがとうございます。

最後になりますが、お忙しい中、われわれ人生の脱落者のために貴重な時間を割いてくださり、本当に心からありがとうと言わせてください。額に汗をかくほど、熱弁を振るってくださり、本当にご苦労様でした。

私は先生のいわんとしていることをよく理解し、実践し、今までたくさんの方に迷惑をかけてきた分、今度は少しでも人さまのためになるよう生きていこうと心に誓いました。たった一度の人生だから。

刑務所に入っているようなさまざまな失敗をしている人、悩んでいる人、苦しんでいる人の方が救いやすいのである。

なぜかというと、ちょうど振り子の振幅の度合いと同じで、悩んでいる振幅が大きいと、それだけ気がつく振幅が大きいからである。

何も考えていない人は振り子が動かない。刑務所に入っているような人たちは、イヤでもそういうところに閉じ込められているから気がつかざるを得ないのである。

これを日本の浄土真宗を広げた親鸞上人が「善人なおもて往生す、いわんや悪人をや」と言っている。

善人ですら救われるのに、悪人が救われないわけはない、悪人の方が救いやすいというのである。

悩んでいる人、苦しんでいる人、そういう人の方が救いやすい。ましてや病気の人も救いやすい。先ほど述べた、振り子が触れたらそのぶん反対の方に振れるからである。ということは気がつくチャンスなのだ。こちらに行ったぶん、これだけ気がつきなさいよということなのである。

だから、当然そういう人の前で話すと、聞いている方は本当の自分が出てきて、涙が出てくるか苦しむか、ああ、私は間違っていたと頭を抱えてしまう。俺は何をやっていたのだろうと気がつくのである。

先ほどの受刑者の感想文には、自分はまったく文才がないようなことを書いていたが、ものすごい才能を感じる文である。この文章は、誰かに評価されようと思って書いていていない。普通の人が一般社会の中でものを書くと、どう評価されるか、うまいとか駄目だとか、買ってもらえる買ってもらえないとか、計算がある。

この受刑者はただ感じたことを書いただけで、世の中にどれだけの反響を及ぼすかなど、何にも計算していないのだ。だからこそ凄いのである。

その刑務所には、七百十一人の受刑者がいた。私は刑務所の所長に電話して、できればマイナスのコメントもいただきたいとお願いした。私にとっては良い修行の場であるから、良かったというコメントではなくて、全然わからなかったというものも、是非いただきたいとお願いしたのだ。

すると、申し訳ないけれども、そういう感想文は無いと言われたのである。反論や反発も一切なく、すごく良かった、感動した、という感想しか無かったそうである。

こういうケースは珍しい。今まで無かったとも言われた。たった一時間で受刑者たちは変わったのだ。

あなたはこの一冊でどのくらい変わるつもりだろうか。是非、人ごとと思わず、ご自分の人生に当てはめて考えてみていただきたい。

どんな人間も天才

「人間は全員が天才である」というのが、私の持論だ。

特別の人を天才と呼ぶのではなく、全員が天才なのである。

天の才能を生かす。すでに天から与えられている才能に気づいて、それを自覚した生き方をする人が天才なのだ。だから、すべての人が天才になれるということになるのだ。

特別の人が天才で、他の人は天才ではない、ということは、宇宙の法則を軽んじているとしか言いようがない。

本当は全員、天才なのである。

ただ、自分の天才に気づかないから凡才なのである。

人はよく、「意識を高める」という言葉を使う。しかし、その言葉は本当は適切ではない。

どんな人間でも、すでに意識が高いのである。

「意識が高い」ことに目覚めれば良いのである。

では、意識が高いことに目覚めるには、どうすればよいのだろうか。その方法は意識の高い人と接点を持つことである。そうすれば、自己の中に内在している高次意識が呼び覚まされるから、すでに自分自身も意識が高いことがわかるのだ。

ただ、意識の低い人が意識の高い人に突然出会っても、相手が何を言っているのかがわからず、逆に反発する事態も発生する。やはり、ある程度の段階を経なければならないのだ。その時々の自分の段階に相応した人に会って、徐々に上を目指していくのが大切である。

基本的にどんな人でも意識は高いのである。

「共振共鳴《きょうしんきょうめい》」という言葉がある。

例えば、講演会の話を耳にして受講者が感動したとする。このとき、受講者の魂が講師の魂に共振共鳴して、生命活動が活性化する。だから、受講者は涙を流したり、胸がジーンときたりするのである。

私は、この共振共鳴については、こう考えている。

相手に共振共鳴するということは、自分の命の部分ですでに自覚しているものがあるから、共振共鳴するのである。もともと自覚しているものがなかったら、共鳴できないのである。存在していないと思っているもの、または、まったく存在に気がついていないものに対しては、共鳴しない。なぜならば、アンテナのない電波のように一方通行になってしまうからである。だから、相手の話に共鳴したということは、もうすでにそこにその話と同じものが自分の中にあったということである。

もともとあったものが、今ここに呼び覚まされただけに過ぎないのだ。

「類は友を呼ぶ」という言葉がある。

同じ波長のものは、同じ波長を引き寄せるものである。相手の波長に自分の波長が共鳴するのである。

それが、本当の意味で引き出されたことになるのである。

第四章

仕事の本質とこれからの働き方

初めに好印象を抱かせる方法

ボールを床に置き、手でポンと押すと、必ず押した方向に転がっていく。

これと同じように、人間関係、人生や運命は、ほとんど自分が最初に決めた方向に沿って進んでいく。

一年の計が元旦にあるといわれるように、生きていくうえで最も大切な人間関係の始まりは、第一印象にある。

とくに、営業は第一印象ですべてが決まるといっても過言ではない。

私は以前、宝石のセールスをしていたことがある。

宝石の場合は、お客様のほとんどが女性であり、とくに第一印象が大切だった。最初に会った瞬間「嫌な人だ」と感じられてしまうと、後からどんなに良い事を言っても、すべてその「嫌」というフィルターを通して判断されてしまう。

その逆で、「感じのいい人だ」と最初に思われると、何をしても好意的に見てもらえることが多かった。だから、最初に会った瞬間の一秒は、後々の一時間、二時間よりはるかに大切なのである。

私は第一印象をよくするために随分と街の中で練習をした。前から歩いてくるまったく知らない人々に向かって笑顔であいさつするのである。自分の笑顔が本物かどうか、相手の顔を見て判断した。最初はどうしても作り笑顔でひきつっていたから、よく女性は、気持ち悪がって逃げて行ったものだ。

しかし、あきらめずに練習していると、そのうち「どこかでお会いしましたでしょうか」と相手から話しかけられるようになり、それがきっかけとなって宝石を買っていただいたことも随分あった。

第一印象を言葉や態度で表すには時間がかかるが、笑顔だと一秒もかからない。人の不幸や失敗したとき以外であれば、笑顔を出して損をすることは一度もなかった。

しかし、これが自己中心的な営業目的だけの笑顔だと、すぐに見破られてしまう。だから、誰にでも響きわたるような笑顔になるには、一年三百六十五日、一日二十四時間、常に嬉しくて仕方がない人生をあなた自身が歩むしかないのである。

それには頭で物事を考えるのではなく、命で感じとることである。

命で感じるということは、目の前の成功、失敗に振り回されることなく「今現在生かされている」「人と話ができる」ということに感謝し、いついかなる時も嬉しくてしょうがない心になるということである。

二十一世紀は心の時代である。これからの布石となる第一歩は、常にあなたの心の中にすべての原因と結果があるということをぜひ、覚えておいていただきたいと思う。

数字とは愛の結晶

経営では、売り上げ目標など、ある程度の数値目標を立てることが一般的である。ところが、逆に計画を立てないで、どんどんやっていく方が良いとの考え方もある。計画を立てる必要がある場合と、立てない方が良い場合のどちらもあるのだ。

例えば、セールスマンが物を売りに行っているときに、自分の懐具合ばかり計算して物を売ると、相手に気づかれて返って売れなくなってしまう。仮に売れたとしても、お客さんがよい気持ちにならない可能性もある。だから、いっそ、そういう計算は抜きにして、**自分の商品を通してお客さんに役立つことだけを真剣に考える**のだ。お客さんから、「このセールスマンはいい人だな。よくやってくれるな」と思われれば、注文を頂くことができるし、それが売り上げの増加につながる。そして、その結果が数値として現れてくるであろう。

お客さんとのやり取りの過程、実際に何を行ったらいいかという事実に目を向けて、その結果を見る。数字をどう捉えるのかということも大事だ。まずは数字を前にして目標を決めるのである。

数字は、「私はどれだけお客さんに奉仕します」「お客さんに喜んでもらいます」「お客さんに理解してもらいます」、そして、「この商品を愛している」「会社も愛している」「お客さんを愛しているから、これを使っていただきたい」ということの宣言でもあるのだ。

ただ単純に月給を取る、というのではなく、自分の意欲やお客さんに喜んでもらった結果が、月給の数値として現れてくるということである。

たくさんのお客さんに喜んでいただくという、愛の結晶が数字として現れるのだから、逆に考えると愛をどれだけ出すか、ということがそのまま数字の目標につながるのである。

だから、最初は数値目標も必要なのだ。

数値目標をあらかじめ設定することは、誰が見てもわかりやすいし、なにより、数字と無関係に仕事をして会社が潰れてしまってはおしまいである。サラリーマンの場合、自分の給料で生活費を出さなければならず、現実のことを考慮するのは当然だ。数字だけを追いかけるような、数字に対しての思い込みをする人もいるが、これも個で見るか全体で見るかで、立場が違ってくる。

個で見るのは自分の金儲けだけで考えている証拠だ。

全体で見るならば、お客さんに喜んでもらうことを考える。**喜んでもらうことを念頭に置いていれば、商品も当然よい物を取り扱うようになるから、商品を愛し、お客さんを愛し、会社を愛し、自分を愛し、自分の家族を愛し、全部愛することを常に考えるようになるはず**である。

そのためには、まずはお客さんに喜んでいただくのが、最も豊かになる手っ取り早い方法である。

それが全体を見るということではないだろうか。

儲け主義に徹していれば、利潤追求のために無理が重なり、やがて従業員やお客さんにも嫌われ、経営の基盤が怪しくなってくる。

エゴというのは個で、全体というのは愛なのである。

愛の仕事をすることが大事である。

深い観点から見ると、それがすべてなのである。

そういった深い観点から見られる心で仕事をしていれば、いずれ数字として結果が現れてくる。

自分を高めないで、自分の能力を出さないで、人を喜ばせないで金儲けに走れば、バブルになってしまう。土地や株は金儲けをするには最も手っとり早い。人を雇わなくてもいいし、努力も要らない。値上げをじっと待つだけでいいのだから。しかし、その反動がバブル経済の崩壊を招いた。安易な金儲けだけに徹すれば、いずれ身の破滅を招く。

数字について考えていたら、私の頭の中にこんな言葉がパッと浮かんだ。〔ほんとうの数字作りとは〕である。

私は以前、レストランチェーンを展開する会社の経営者として毎日生々しい実務に直面していたが、時折この言葉を思い出してビジネスの本質を心に刻み込むようにしていた。

以下、その言葉を紹介する。

〔ほんとうの数字作りとは〕

売り上げ、利益は過去の努力の結果としての数字

地域で一番行きたい店と思わせるのが、未来の数字

過去の数字は、事務所でも見られる

未来の数字を作るのは、現場でしかできない

過去の数字だけ見ていると、バブルになる
未来の数字を自らの力で変えるのが、本物の経営者、商人、それは不況に強い

過去の数字は、他人や社会のせいにできる
未来の数字は、すべて自分の責任

過去の数字だけを見ていると、求める心だけ起きる
未来の数字だけを見ると与える心だけ起きる

過去の数字だけ見ていると成長しない
未来の数字を変えようと思うと夢が膨らむ

過去の数字だけを見ていると、周りが変わるのを待っている
未来の数字だけを変えようと思うと、まず自分が変わる

過去の数字は反省の材料
未来の数字を変えるのは改善

過去の数字だけを見ると、人に対して傲慢か引け目になる
未来の数字を変えようと思うと、勉強、教育を大事にして、ほんとうの謙虚になる

過去の数字を変えようとすると、見えるものだけを大事にする
未来の数字を変えようとすると、見えるものだけでなく
見えないものをもっと大事にする

過去の数字だけを見て話をすると、社員はさぼる
未来の数字を変える話をすると、喜んで働く

過去の数字は誰にも変えられない
未来の数字は人によって全て変わる

過去の数字だけを見ると、店は自分のものと思う
未来の数字を変えようと思うと、店はお客様のものと思える

過去の数字だけ見て反省しないと、思考が停止する
未来の数字を変えようと思うと、チャレンジ精神が湧く

過去の数字だけを見ると、人の欠点だけがよく見えて、批判に回る
未来の数字を変えようと思うと、感謝に変わり、すべてが好転する

利益を生むリズムは宇宙のリズム

利益とは何であろうか。

利益とは、あなたが一生懸命働いた愛の結晶であり、お客様がくださる感謝状のことである。

だから、利益は、われわれの心と行動が具体的に数字に現れたものなのである。それは、その場、その場で結果が出るものではない。毎日毎日の努力の積み重ねによる結果なのである。ちょうど、スポーツ選手の努力が才能と結びついたとき、大きな記録につながるのと同じである。これはビジネスマンの世界にも言えることである。

同じ利益でも、自分を高め、人に喜んでもらった結果、得た利益は高く評価されるが、その反対に不当と思われる利益は、評価されないのが現状である。

評価される利益とは、自分を高め、人に喜んでもらって生まれた利益のことで、これはすべて愛の結晶なのである。

それは、あなたがどれだけ人さまのお役に立とうと思って愛の作業をしたかというアイデア（愛出あ）の結晶である。

だから、その利益は、ただ遊びや贅沢のために使うのではなく、自己を成長させるためのさらなる再投資として使われなければならない。

そうやって自己を磨き、高めるためにお金を使えば、お金は決して減らない。なぜなら、それは自己の成長を伸ばすための仕入れ代金だからである。だから、減るどころかそれが元となって、さらに利益は膨らんでいくのである。

利益を生むリズムは調和のリズム、宇宙のリズムそのものなのである。

利益はまさに愛の結晶であり、それを生む社会、会社は愛の道場であることを自覚して、利益の追求をしていただきたいと思う。

〈利益とは〉

利益とは愛の結晶のことをいうのだ
それは、人に役立たせるための愛の結晶である
あなたの汗の結晶である
あなたの思いの結晶である
あなたの魂の結晶である
周りの人たちとの調和、お客様の喜びの声そのものである
あなたが無駄をなくし、物を大事にした結晶である
利益とは、社会に役立ったことを証明するお客様からの感謝状である
利益とは、お客様の声であり、トップの声である
利益を出さないということは、愛が足りないということである
もっと人に喜ばれよう
もっと仕事に魂を入れよう

もっと時間を有効に使おう
もっと真剣に考えよう
利益の出るリズムは宇宙のリズム
今からやろう
利益は愛の結晶だ

地球、宇宙のためを考えた仕事は伸びる

「人に喜ばれるようにするのがビジネスの本質である」と説く人もいるが、それはビジネスの一側面だけを見ているに過ぎない。人に喜ばれるだけでは、ビジネス全体のことを把握しているとは言えないのである。

「ビジネスの本質とは、人が喜び、自分も喜び、周りも喜び、社会も喜び、

そしてそれがすべて宇宙のためになっている」ということなのである。

全部が喜ぶ、ということは全部がうまくいく、ということなのである。

だから、**ビジネスイコール「調和」と言っても良いし、ビジネスイコール「愛」と言っても良い。**

今、仕事や景気のことなどで悩んでいる人が少なくない。中小企業だけでなく、大企業もさまざまな問題に直面している。こういう状況を見て、ビジネスの転換期、経済の転換期などと言う人もいる。

これからは、目先のことだけを考えて金儲けする時代ではない。目先のことだけを考えて大儲けした人が偉いとか、素晴らしいと言い続けている限り、現在の経済問題は永遠に解決しないのである。

考えてみると、経済や景気がどうのと言われているが、どんな金持ちでも寿命が尽きれば死んでいかなければならない。巨万の富を築いても、死んだ時は全部置いていかなければならない。土地の所有権を各々主張しているが、もともと土地は地球のものので、宇宙のものなのである。だから、これからは今までのやり方を超越した展望が必要になってくる。

これからは、**宇宙単位、世界単位、全体単位で物事を考えるビジネスが求められてくる。そして、その観点から出発する企業が本当の意味で伸びる企業**と言えるであろう。

職場の人間関係を改善する方法

人間関係に悩む人は非常に多い。

職場にはさまざまな人がいる。苦手な人や、自分の意のままにならない人もいると思う。

人間関係の問題を解決するためには、最終的には話し合いをしていくしかない。相手から逃げないで、正面から自分の考え方を話していく。

ぶつかっていく、ということである。

それで、話が合えばしめたものである。合わなければ、合わないなりに別の手段を考えればいい。それはどちらにせよ、大した問題ではない。ただ、何もしなければ何も解決しないし、理解し合うこともない。

妄想に陥るだけである。あの人はこう思っているだろうとか、どう思っているのだろうとかと、堂々巡りしているだけで、何の解決の糸口も見つからない。

ところが、相手に思い切ってぶつかっていくと、今まで自分が考えていたことは全部勝手な思い過ごしだったというケースがよくあるはずだ。

全部、思い過ごしであるといっても過言ではない。

あの人はこう思っているのではないかと考えるのは全部外れで、当人は絶対にそう思ってはいない。

考えが似ていても自分とその人は違うのだから、同じになるわけがないのである。

だから、そのままその人にぶつかっていけばいいのである。そうしたら、勇気が出るし、自信もつく。そこで、さまざまなことに気づかされる。これは、チャンスなのである。

例えば、社員のAさんとBさんが気まずい事態になった場合、それが会社の業務に差し障ると判断したら、必要に応じて、両者に話し合いをさせるようにする。そうすれば妄想が消え、真実が浮き彫りになるからである。

私は、あえて私の会社の社内の人間関係をよくするために特別なことはしない。強いていえば、朝礼で私の「成功と幸福を呼ぶ言葉」を毎朝読んでいるということぐらいである。

「成功と幸福を呼ぶ言葉」とは、私の中からインスピレーションとして湧き上がってきた言葉を書きとめたもので、考えて作った言葉ではない。この言葉を小冊子にまとめているのだが、これは自分の心や考えに付け加える事ではなく、自分の心の奥にある魂の中にすでにあなたがもともと持っている心、つまり「真我」を言葉化したものだ。

社員の人間関係は、会社の業績を高めるために大事なことである。とくに接客業には重要な要素である。

しかし、会社の経営という観点で言えば、人間関係を良くするために会社を経営しているのではなく、あくまでも業績を上げるための、人間関係なのである。

例えば、サッカーや野球の選手が人間関係をよくするために、試合をしているわけではない。人間関係を一番に考えたら、強いチームにはならない。何のために試合をするのかというと、勝つことが一番である。勝つために気が合わない人でも選手同士仲良くするということだ。

だから、仕事に関しても、普段は仲が悪くても、勝つためには相手が嫌いでもやるときはやらなければいけない。それがプロというものである。

人間というものは、どうしても自分を中心に考えがちである。それはあらゆる業種に関してもいえるのだが、自分のために仕事をするか、お客さんに喜んでもらうためにやるか、私自身考えたことがある。

究極的にはやはりお客さん本位ということになる。お客さん本位ということを、どれだけ具体的に仕事に反映させるかが、苦労といえば苦労である。

しかし、お客さんに少しでも喜んでいただければ、苦労が苦労にならなくなる。

会社などで社員を抱える上司は、人望があることを期待されるが、私は少し違った観点を持っている。

私は、以前レストランのチェーン店を全国で展開していたが、とくに自分の人望を高めて従業員や関係者を引きつけてやろうなどとは考えていなかった。自分の人望をどうこうするのではなく、むしろそれぞれの従業員の長所を見つけて、口に出してあげるということ、敢えて言うならば、それが人望といえる。

従業員の長所を口に出して褒めると、才能がどんどん活性化されてくる。どんな人でも、勢いが出てきて伸びるのである。人間は自分自身に一番関心があるものである。

未知の外国人の話よりも、自分の額にあるおできのほうがよっぽど気になるのである。

だから、人から自分がどう言われるのか強い関心を持つのである。

人間関係を良くするためには、その人の良いところを見て、良いところだけを褒めて、良いところを認めてあげれば、その人の良いところが出てくる。良いところが出てくると同時に、自分の長所を言ってくれた人は良い人に見えてくるから、**人の長所を口に出して褒めることは、人の上に立つ者として大事な要素なのである。**

経営者、上司の悩み解決術

対人関係で悩む方が少なくないと書いてきたが、とくに経営者やリーダーと言われるポジションの方が悩んでいる場合が多いようである。

経営者や管理職の方は、人から使われるよりも人を動かすほうが大変だと言って、ストレスを感じているようだが、調べてみるとほとんどの方は自分との人間関係で悩んでいるようである。

人には、社長ならば社長、従業員ならば従業員というように、それぞれの役割がある。その役割がその人の使命であり天命でもある。だから、その役割をやり遂げられるかどうかはその人にとって大変重要なことである。

従業員が社長を羨ましがっても仕方がないし、その逆に社長が従業員を羨ましがっても仕方がない。リーダーにはリーダーとしての役割があるのだから、当然重みが肩にのしかかってくる。それを、従業員は楽でいいなと言っても始まらないのだ。

なぜならほとんどの人が自分で選んだ仕事をしているからである。

「人生とは自分の役割に気づいてその役割をまっとうする」と捉えるならば、従業員との人間関係がどうのというのではなく、すべて自分自身の問題となってくるはずなのだ。

リーダーは、まず第一に人を引っ張っていくという役割があるのだから、従業員がついてこなかったら、それはすべて自分の問題だと思って、自分の生命、命を生かすことの方にエネルギー、意識のすべてを傾けていただきたい。

絶望の淵からでもはい上がれる生き方

よく第一線で働くビジネスマンや経営者などで、悩み過ぎ、あるいは働き過ぎで血尿が出てしまった、という話を聞いたことがある。全身全霊で仕事に打ち込んでいても、夜も寝つけないほど悩むケースもあると思われる。

物事の「解決」を考えてみると、仕事の単位の解決、自分の人生、命の単位の解決があると思う。

仕事で悩んでいる人は、人生の単位の解決ということで物事を考えると、ものすごく楽になるはずだ。

例えば、昨日まで億万長者だったのが、翌日には一文無しになったとする。人生全体から考えれば、金持ちから貧乏まで経験できることは貴重な体験である。

しかし、ビジネスがすべてだと思っていれば、悲嘆にくれてしまう。そういう危機感もいいのだが、危機感ばかりだとそれが癖になってしまう。今度はその危機感が現実化してしまう可能性もある。私たちの人生は、どう考えても仕事の中にあるとは思えない。

むしろ**仕事は人生の中の一部**なのである。

だから、仕事だけで見る前に、人生単位でものを見るようにすれば、ずっと楽になる。人生は一回しかない、死ぬときはお金も地位も全部この世に置いて旅立っていかなければならない。だから、もし悩みそうになったら、考える観点をもっと広くしてあげればよいのである。その上で現実の最悪をいったん受け入れるのである。

この状態が最悪だ、最悪でもいいと開き直るのだ。そうすれば、後はよくなるだけである。**最悪を経験すれば、それ以降最悪はもうないはずだから、後は良くなるだけ**なのだ。

恐怖感もなくなる。恐怖はあくまでも妄想である。真実を知れば、妄想は消えざるをえないのだから、勇気を出して現実を見つめ、常に本当の意味の解決策を見つけ出せる心の癖を身に付けていただきたい。

第五章
本当の健康とは

本当の健康とは

例えば、本当に仕事のできる人は、まず、健康でなければならない。人と会うとき、話をするとき、商談を成立させるときなど不健全な顔で、声で、態度で、心で行ってうまくいくはずがない。

健康とは、天から与えられた生命が活きるように、生きることを言うのである。私たちは、病気になるために生まれてきたわけではない。大宇宙の法則と、人間の生命を活かすために生まれてきたのである。天から与えられた生命を健康で明るく、喜びをもって活かすことが人間の基本的な使命なのである。

健康になるためには毎日の食事、睡眠、適度な運動を含めた日常習慣と日常の心構えが大切である。

中でも最も大事なことは、心のあり方、心構えなのだ。

この心構えを間違うと、どんなに運動しようが、どんなに良い食べ物を食べようが病気になってしまう。なぜなら人間の身体は、物事を取り入れる以前に、心でできているからである。

食べ物だけが生命を活かしているわけではない。心が生命を含めたすべてを活かしているのである。それを物理的に割り切って、人間の身体を〝物〟として捉えると、物は物で解決しようとして道を誤ってしまうのだ。

心とは、すべての受信機なのである。

だから、何を食べたか、どんなことをしたかが一番の問題ではなく、それをキャッチするあなたの受信機である心構えがどうであるかが一番の問題なのである。

あなたの身体とあなたの仕事は、あなたの過去の集積なのである。だから将来、仕事で成功し、明るく健康的な生活を送るためには、あなたの今の心構えを変えるしかないのだ。

本当の予防医学とは、この心構えをよくすることなのである。

しかし、私たちには過去があるから、今の心構えをいくら良くしようとしても、過去の悪い習慣や集積にひきずられて、病気になってしまうことがある。

人間は、過去を見ながら未来を見ると、いろいろなことに囚われて、なかなか変われないのである。

過去は、それに引きずられるのではなく、過去とは、未来を素晴らしくするための反省材料として存在しているという捉え方をしていくべきなのである。過去の悪い習慣や心構えは素直に反省し、常に今の心の状態を最高にしておくことの方が大切なのである。

健康とは、天から与えられた生命そのもののことであり、その使命に沿って、それを生かし、二度とない一度の人生を素晴らしく輝かせていただきたいと思う。

病が消えていく生き方

東洋医学や民間療法の先生方の説によれば、病気の種類や病気ができる体の部位によって、その人の性格や個性がわかるそうである。

例えば、短気な人だったら脳溢血になりやすいとか、頑固な人ならば肝臓に重い病気ができやすいとか、潜在意識の中で夫を拒絶している場合には子宮筋腫ができやすいなどと言われている。

要するに、その人の性格の歪みがいろいろな病気となって現れるという説である。その人の性格や個性によってさまざまな病気が引き起こされたり、心が原因で病気が生じることは確かにあると思われる。

しかし、それはあくまでも結果にしか過ぎない。原因を直さなければ結果も直らない（変わらない）のである。

神が、己が心の過ちを気づかせるために病気を発生させた、という説もあるが、それも違う。確かに、神仏の試練で病気になったといえば、本人としては少しプラスになる。しかし、実際は違うのである。**宇宙や神仏が人間に気づかせるために病気を起こしたのではなく、自分が勝手に病気になった**のである。

自分で宇宙や神仏の試練だと勝手に思い込んでいるだけなら、妄想の世界である。無いものをあると思い込んでいるだけである。だから、その無いものをあると思い込んでいるものが、病気として現れてきているだけなのである。本来の自分の姿に目覚めれば、もともとないものはパッと消えておかしくないのである。

例えば、ここにジュースがあったとする。催眠術をかけられて、それをお茶だと思い込まされていたとする。催眠術を解かれれば、ジュースであることに気づく。

本来の自分に戻るというのはそういうことなのである。

一番の原因の元の元に気づくことが重要なのである。本当の自分に気づく。本当の自分は魂であり、真我である。

本当の自分は素晴らしい無限の愛で、無限の力で、無限の知恵なのである。

そこに気づく。


「自信がつく」という言葉があるが、この言葉は間違っている。

なぜなら、自信が外からやってきて自分にパッとつくわけではないからである。本来ある自分の力を認めたら、認めた分量だけ自分の心の中から力が出てくるのである。

自分の力を認めることが大切なのだ。

それは本来の自分に気づき、そして、自分は素晴らしいと認めることなのである。

それが人間として一番謙虚な姿なのである。

外から与えられる物や情報を信じるのではなく、もともとある素晴らしい自分に気づいて、一刻も早く本来の自分の生命を生かすことに全力投球していただきたい。

また、一昔前に比べて、病気の数が増えたといわれている。

それは、人間の心、考え方が多様化したからである。心が多様化すれば、そのぶん病気の数も増える。心のあり方が病気という形で現れるから、人間の考え方が多様化すれば、病気も多様化しておかしくないと思われる。

エイズや院内感染、アトピー性皮膚炎など、特効薬もないような難しい病気が増加していることを指摘する人もいるが、私は元来難病とか軽い病気というものは無いと考えている。

本当は、病気に大小はないのである。

真我に目覚めさえすれば、難病も軽い病気もみな同じである。真我に目覚めたときは、同じ力で元に戻るということである。

これからは、真我に目覚めることによって、病気が消えていく時代になっていく。過労は体にだけでなく、精神状態にも悪影響を及ぼすといわれている。もちろん心の範囲でいくとそうなのだが、魂の範囲では過労など存在しない。

人間は脳で現実的なことを考えるために、いろいろな現象が目の前に現れてきたときに振り回されてしまう。しかし、振り回されない自分があるということにも気がつかなければならない。

自分をもっともっと進化させ、本当の宇宙の法則でやれるようになったら、疲れなくなるはずだ。

これからは疲れないというのが、一つの目安になる。

宇宙の法則通りに生きているかどうかは、疲れるか疲れないかが一つの判断材料になると思って挑戦してみていただきたい。

病原菌ですら味方に

私は数多くの著書を著しているが、発行以来、常に反響を頂き続けている著書に『天運を拓く』（日新報道）がある。

この本を読んで、「天地がひっくり返るほど驚いた」と言って私の所に電話をかけてきた方がいる。そして、著書をお読みになっただけで、私を信じて真我開発講座を受講された。その方は、当時インドのマザー・テレサの所で看護師をしている人で、人格者で精神的なことをよく勉強している素晴らしい方であった。何か悩みを持っているという方ではなかった。人を救うことに使命感を抱いているような女性であった。だから、ペスト菌などいろいろな病原菌が蔓延するインドに自ら進んで乗り込み、当時、日本とインドを行ったり来たりしながら、生前のマザー・テレサと共に日夜奮闘しておられた。

その方が、真我開発講座を受講し終わったある日、私にこのようなことを言われた。

「佐藤先生、ありがとうございました。私は真我開発講座を受けて、『成功と幸福を呼ぶ言葉』を読んでいなかったら、インドでペスト菌に感染してきっと死んでいたことでしょう」

私は「なぜですか？」と問い返すと、その方は、こう答えた。

「同僚の看護師でイタリア人がいます。この方は、日本人に大変偏見を持っています。

日本語を耳にするのも嫌だそうです。ですから、当然日本語は知るはずもありません。私は受講後、インドで毎日『成功と幸福を呼ぶ言葉』に書かれている言葉を、声に出して読んでいたのです。ところが、それを読まない日に、そのイタリア人看護師が『なぜ、読まないの？』って、言うんです。私は問い返しました。『だってあなた、日本人も日本語も嫌いなんでしょう。なぜ、そんなことを尋ねるの？』。それに対して、彼女は、『〝成功と幸福を呼ぶ言葉〟はものすごく良い波動を持っている。言っている事はわからないが私にはその波動がわかります』と言うのです。それ以来、私はイタリア人女性をはじめとして、みんなの前で堂々と『成功と幸福を呼ぶ言葉』を読むようにしました」

私はこの看護師の方の言葉を聞いているうちに強い感動を覚えた。看護師の方はさらに続けた。

「私は感謝を込めて、毎日この言葉を読んでいました。そのうち、この言葉を読む人がどんどん増えてきました。患者だけでなく、職場でも病原菌にかかって死んでいく看護師がいます。ところが、この言葉を読むようになってからというもの、病原菌にかかって亡くなる方がいなくなりました」

私は、なぜ病原菌にかかって死ぬ人がいなくなったのかがわかっていたが、あえてなぜそうなったのかをその看護師の方に質問してみた。すると、この方は心のことを勉強しているだけあって明快な答えを返してくれた。

「あらゆるものを敵であると認識した瞬間、それは本当に敵になって私に食いかかってきます。しかし、すべてのものに対して感謝の念を抱くようにする。ペスト菌に対してすら感謝の念を抱くようにしたら、ペスト菌も味方になってくれるのです。だから、私は死ななかったのです」

現代人が考えなければならないことをまさに、彼女が明快な形で私に話してくれた。もしも、目の前に犬がいたとする。この犬に向かって、拳骨を振り上げたら犬は敵対心を持って襲いかかってくるかもしれない。ところが、座って掌に餌を載せて「さあ、おいで」と優しく言えば、きっと尻尾を振って擦り寄って来るであろう。

私たち人間社会もまさに同じ原理なのだ。ペスト菌ですら、味方になる。これは、人類すべてが考えなければならない問題なのではないだろうか。

最高の名医は宇宙の法則

真我を体感された方の中には、もともと持病に悩んでいた人の病状が好転したり、消えてしまったというような奇跡的なこともたくさんある。

例えば、講座が終わってから、十二指腸潰瘍が快方に向かったり、子宮筋腫が改善されたなどという知らせがどんどん届くのである。

難病の好転だけではない。

受講後、急に事業の羽振りがよくなった、人間関係がよくなった、お客様が増えたなどという現実的なことも、毎日のように起こっている。

なぜ、病気が好転したり、事業がうまくいくのだろうか。このことを不思議に思う人が多いのだが、宇宙の法則から見れば、少しも不思議ではない。

宇宙の法則とは、本来の姿に戻ろうとする作用なのである。

地球も一回転してまた元の位置に戻ってくる。振り子の先を手で持ち上げて離すと、元の位置に戻ろうとする。土を上に放り投げたら、引力の法則に従って再び地表に戻ってくる。雨が降ると川になり、海に流れていく。海の水は再び蒸発して、雨になる。人間の体もどこか不調になったら、また元通りになろうという力が働く。

本来の姿に戻ろうとするのは、宇宙の力なのである。

病気とは本来の姿ではないから、本来の自分に気づいたら、元の体に戻ろうとする。だから、魂を自覚すれば、ガンであろうとエイズであろうと病気が無くなっていってもおかしくないのである。

不完全なものが完全なものに戻ろうとする作用が宇宙の力、宇宙の法則である。宇宙の法則は最高の名医であり、名薬なのだ。これを使うには、「真我」を自覚するのが一番である。

眠れない夜をなくす方法

ストレス社会を反映しているせいか、不眠を訴えるビジネスマンが少なくない。それは、仕事でも何でも、人生を真剣に生きていないから起こる場合が多い。真剣でないから、妄想の世界が頭の中で展開されてくるのである。そういう癖がつくと、自分の体や命を最大に生かすことができなくなるのである。

人間は全力で今日一日を生きて、自分の生命を生かしたら、今度は生命をゆっくり休ませるという体になっているはずである。ただ頭の中だけで物事を片づけようとするから、寝ていても堂々巡りして少しもまとまらないのである。

そうなると雪だるまのように、あれこれとつまらないことが頭の中に積み重なってしまう。悩みは雪だるまのようなもの。悩みで悩んだ心で解決などできない。解決できないどころか、さらに膨れ上がっていくだけなのである。

暗闇を暗闇で消すことはできない。

暗闇は光でしか消すことができない。それと同じで、私たちの悩みを悩みでは消せないが、明るい希望や夢を持てば悩みは消えていくのである。

だから、悩みを解決するには、今抱えている悩みや問題から逃げず、立ち向かっていくことなのである。

逃げないで、悩みに向かっていくと、それが幻であることに気づく。

自分で行動も起こさず考えているのは、すべて幻であって事実ではない。取り越し苦労というか、持ち越し苦労というか、過去に終わったことをいつまでもくよくよしているのだ。

これから起きるか起こらないかわからないようなことでも、悪いことを予想して考える人がいる。私たちの心が物事を創造していくから、悪いことを心に思えば本当にその通りになっていく。悪いことが実現していくのである。

だから、なるべく明るい前向きな思い方、考え方で、自分の一日一日を全力で取り組んで、自分の命を全力で引き出してやるのだ。

そうすると、安心してゆっくり眠れるようになる。

もしあなたが、現在眠れなくて困っているのならば、眠るための努力をするのではなく、自分の命を全力で引き出すための努力をしていただきたい。

第六章

本当の生き方を教える真実の教育

教育が人類の行方を決める

私はある学校で講演を頼まれて話をした時、こんな感じを抱いたことがある。「もしかすると、教師よりも生徒のほうが〝上〟ではないか」ということだ。「上」というのは、意識の問題である。

意識の低い人が、意識の高い人を教えている現状がある。これは、心の目から見るとわかることだ。

現在の教育制度下では、教師であっても普通のサラリーマンのようなものだから、自分の仕事に夢や希望を持てなくなっている教師がいたとしても、おかしなことではない。

学生、生徒たちは、これからの人生に夢や希望を持って、自分の可能性を最大限に出したいと考えているはずである。今まさに芽が出つつある生徒に、もし夢や希望を持たない教師が教育をしたら、どういうことになるだろうか。これはとても矛盾していることなのだ。もちろんすべてがそうだと言っているわけではない。

これからの時代は、**人間本来の心を含めた構造を知り、その使い方を理解して自分から進んでそのことを実践していくような人**を教師に選ぶようにしなければいけない。

教育は政治、経済のあらゆる人間生活の根源なのである。政治、経済よりも長期的な視野を持たなければならないのが教育である。これほど大切な教育に、どういう教師がどのような考えのもと教育活動を行うか、ということが将来の日本の成長を左右するのである。教育が人類の行方を決めるといっても過言ではない。

生徒が百人いたら、百人ともそれぞれの顔も才能も違う。役割も違う。これからの時代は、そのようなことをすぐに理解し対応していける教師が求められるのである。

教師の意識が進んでいけば、それぞれの生徒にどんな才能や特質があるのかがわかってくるはずである。

生徒の個性を生かしてやろうと考える教師が増えてきたら、将来の日本、そして世界は大変素晴らしいものになるであろう。

本当の教育とは

「教育」と言うが、この表現よりも意味合い的にはむしろ、「育教」の方が良いのかもしれない。

育てながら、適切な助言や知識を与えていく。教えて育てるのではなくて、子どもの様子を見ながら、育成を促がすように教えるというものである。

だから、教師も親も目上として子どもの上に立つのではなく、あくまで子どもの脇役なのだ。

主役は、生命、命、宇宙の力である。

これらを子どもに気づかせ、その子独自の個性を知り、その成長に沿って育てる命のプロデューサーが教える立場なのである。

教師、親、先輩、周りの大人たちも、子どもの脇役であると捉えた方がよい。

理想の人間像は、本当の自分に気がついた生き方をする人である。

だから、人によって理想の人間像というものは全部異なってきて当然である。また、本当の意味での聡明な人間は、本当の自分に気がつく人のことをいう。

バラの種、桜の種、牡丹の種などいろいろな植物の種がある。バラの種からはバラしか咲かない。桜も同様である。どの種から、その花が咲くのかがすでに決まっている。この種はこう咲くと決まっている事実に、気づかせてあげることが必要なのである。

いくら気がついても、自分が何をやっていいのか迷う可能性もある。

そのときは、鏡で顔を見るような気持ちで心を見るように教える。自分自身を反対側から客観視して見ることを教えるのである。

例えば、こんな貧弱で小さい体で相撲取りになろうと思ってもなれない、といった具合に自分を客観視して、最も自分の特性が生かせるものは何かに、気づかせることが大事なのである。

子どもにはすでに先祖から受け継がれた心があるのだ。

赤ちゃんがオギャーと生まれた時点で、すでにその子独特の性格がある。生まれたばかりの赤ちゃんでも、それぞれ顔が全部違うように、性格も全部違うのである。その違いにいち早く気づかせるのが、本当の教育なのである。

親が子どもに教えること

最近は少子化が進み、どうしても子供に対して、愛情ゆえに心配しすぎて過保護になる家庭が多いようだ。手をかけるのはいいが、手をかけ過ぎて、無菌状態で育ってしまう子どもが目立つ。親がいないと自分で決断できないという子どもも増えている。また、ほんのちょっとしたことで自殺しようとしたり、登校拒否をして、周りが大騒ぎしてしまうことも多い。

子どもを大切に育てるということはもちろんいいが、親は、手取り足取りということではなく、もっと長い視野で子どもや物事を見てほしい。子どもがかわいいというのはわかるが、「情」と「愛」は違うのである。

「情け」は、深く考えると自分のことしか考えていないのだ。「この子がかわいい、かわいい」と猫かわいがりするのは実は自分（親自身）のことしか考えていないことが多いのである。

子どもの二十年後、三十年後、自分がいなくなったときに子どもがどうなるかを真剣に考えたら、子どもへの対応は今とはもっと違ったものになってくるであろう。

事実に目を覚まさせることが大切なのである。

自分は誰を通して生まれてきたのか、というように子どもに常に物事の原点を見させるような教育が必要なのである。

そして、両親がいなかったら自分もいないのだ、という事実を見せれば反論できないはずである。

「教える」とは一つの考え方であり、教えられる側では、さまざまな捉え方をすることができる。

しかし、自分が両親から生まれてきたという事実は誰も拒否できない。だから、すべての物事をその観点から見させる教育が今後は必要なのである。

能力を引き出す教育

私が開発したセミナー「真我開発講座」には、いわゆる不良少年少女も参加してくる。

その子どもたちと接する中で感じることは、意外に思われるかもしれないが、非行などにはしる子どもの親が、社長など世間的に地位の高い人や宗教等に凝っているケースが多いことである。

父親が社長の場合、自分の会社を継がせたいがために子どもの意思を無視して進路を決めたり、厳しく接したりすることが多く、子どもはそこから逃げ出したくて、道を外してしまったという。また、宗教等に凝っている親は、道徳的なものを子どもに押しつけようとして、子どもはそこから離れようとしたという。

道徳は社会生活をするうえで必要だが、執拗に道徳教育をされると、子どもはそこから逃げ出したくなるのである。

こうでなければならないとか、ああでなければならないとか、厳しく頭を押さえつけられても、おもしろくないし、自由がないから、そこから逃げ出したくなる。

人間は本当の心、真我を湧き出させると「愛」しか出なくなるから、悪い道にいくはずはない。

子どもを育てるのであれば、このように深い観点から理解できるような親にならなくてはいけないのだ。

ところが、特定の思想や宗教に凝り固まって他の考えや意見を取り入れられなくなっている親は子どもを良くするために、自分の考えに子どもをはめ込んでしまおうとして、変に萎縮した子どもを育ててしまうのである。

その結果、道を外して非行に走ってしまう子どもがたくさんできてしまうのだ。

やはり、親と子はそれぞれ人格が違うから、魂の奥では一体でも、人格は違うのだということを、はっきり自覚していかなければならない。

これからは各家庭だけではなく、世の中全体が、その自覚を持たなければならないのである。

私の所に、ある大勢の会員を指導している宗教団体の幹部がこっそり依頼に訪れたことがあった。その方は自分の子どもが非行に走って困っているから研修を受講させてほしい、というのだ。受講後、「うちの子どもがすっかりよくなりました。ありがとうございました」と、その宗教団体の幹部は、私の所にこっそりとお礼を言いに訪れた。

何年間も何十年も変わらない人を二日間で変える自信が、私にはある。

しかし、これは教えるのではない。もともとその人の中にあったものを引き出すのだ。最初からその人の中にあったものに気づかせるだけなのだから、本当は時間は要らないのである。

一般的に「潜在意識の中にある情報を引き出す」という言い方をする場合があるが、私の場合は「情報」を引き出すのではない。

「真我」、それは他にも魂、宇宙の心、仏心、神我、実相などのいろいろな呼び名があるが、とにかく「本当の自分」を引き出してあげるのである。

私の開発した研修は、**教える、という方法ではなく「ほら、あなたの中にあったじゃないか」と、体感させてあげる**ことができるのである。

「あなたには今の自分と違う本当の自分がありますよ」と言われても、なかなかピンとこないだろう。しかし「ほら、あったじゃないか」と体感させてあげれば、それで一発で目覚めることができる。

そして、そこから最高の人生を歩めるようになっていくのである。

いじめが起こらない教育の秘訣

今、世間の関心を引いていることの一つに、子どものいじめ問題がある。

私はいじめる方もいじめられる方も、根本は同じと思う。いじめられる方は、いじめられるような考え方や特質を、自分でも知らないうちに引き寄せている。

このことは子ども自身も、親も気づいていないようである。一方、いじめる方は、人をいじめることによって優越感を抱いたり、自分が特別の存在であるかのように錯覚したりする。

いじめる方、いじめられる方、双方の心の根底に劣等感があるのだ。

劣等感があるから弱いものをいじめて優越感に浸りたい。それでなんとなく強くなったように偉くなったように錯覚しているだけなのである。それで自己満足に陥っているだけなのである。

いじめる方もいじめられる方も、もっと原点の深いところから親の考え方を正す方向に修正しないと、解決しないのである。

いじめ問題を解決するには、物事を見る観点を教え、視野の広さを養う教育を行う必要がある。

自分を中心として考える「エゴ」は、自分の利益しか考えない狭い考えである。エゴは自分を愛する〝愛〟でもある。エゴがないと、人間は生きていけない。

ただ、エゴは非常に狭い範囲のものしか愛さないのが問題である。

そこで、自分だけではなく、隣の人も愛するように教えるのである。

周りの人、会社、地域社会、日本、世界へと愛を拡大していけば、他人と自分とが一体であると認識できるはずだ。

「愛」イコール「一体」であると言ってよい。

現在は他人と自分との分離感があるから、いじめをはじめとする深刻な問題が起こるのである。

「他人と自分とは一体である」との教育を子どものころから徹底的に行えば、いじめそのものの存在も消えていかざるを得ないと思う。

子どものころに、自分が体験したことは大人になってからも、その影響を受ける。

子どものとき、同級生をいじめたり、いじめられたりすると、そのときのマイナスの要素が心に染みついて、大人になってからの自分の行動や心理状態に強い影響を及ぼす。


ここで紹介する手紙の差し出し人もまさに、子どものころの体験が心に影を落としたケースである。子どものときに受けた心の傷が三十代になってもなかなか抜けきらないで、自分を変えられないで苦しんでいた方である。

ところが、「真我」を体感されてから、考え方が激変した。心の一番奥にある魂を曇らせていたものが、きれいになったのである。幼いころの心の傷が原因で歪んだ心が、瞬時にして霧が晴れるようにすっきりしたのである。

では、ここで子どものときのマイナスの要素を「真我開発講座」での「真我」の体感をきっかけにして、見事に立ち直った方の手紙を紹介する。

前略――――佐藤先生、スタッフのみなさま。先日は「真我開発講座」でご指導いただき、本当にありがとうございました。おかげさまで、講座を受ける前に比べて自分の考え方、実生活にかなりの変化がありましたので、ご報告したくペンをとりました。

まず、講座を受ける前の私。私は非常に厳格な家庭で育ち、一方的に道徳的な観念を押しつけ私を理解しようともしなかった両親に対し、心の中で憎しみを持っていました。

また、思春期のころ、クラスの女生徒に長期間無視されたことがあり、大人になっても緊張してうまく女性と付き合えず、悩んでいました。そして、当時親友とも喧嘩別れしたり裏切られたりしたことも重なり、孤独な状況に陥り、人間不信と自分自身に対する嫌悪感で私にとって十代二十代はとても辛いものでした。

そのため、今までさまざまな宗教、心理学、精神世界の本を読みあさり、また催眠術、自己啓発セミナー、瞑想などにも取り組み、なんとかこの暗い部分を変えようとしてきました。

でも、本を読んだりセミナーを受けた直後は気分が高揚するのですが、一週間二週間と経つうちにだんだん薄れ、再びネガティブな自分に戻っていく、ということを繰り返していました。

しかし、真我開発講座を受けてから一カ月になるのですが、毎日努力しなくても自然にポジティブに考え、行動している自分に驚いています。やはり、一番大切なのは愛があふれる家庭を築くことだと自覚し、真剣に結婚を考えました。いろいろな方に紹介してくださるようにお願いして、幸せな家庭のイメージを毎日描いています。

また、治療の仕事のほうもここしばらくは忙しくなり、患者さんの治り具合も不思議に良いようです。以前は仕事でよく体調を崩していたのですが、今は健康で楽しく過ごしています。

本当の自分（真我）を見るようにすると、いろいろな気づきがあり、仕事での新しい発見があるのだと思います。今は心から両親に感謝することができ、辛かったことも私の成長のために不可欠だったのだということに気づきました。

これからの人生も多くの出来事に遭遇すると思いますが、すべては愛でできているのですから、悪いことなどないと受け取りながら生きていきたいと思います。ありがとうございました。先生、スタッフのみなさま、更にご活躍され、物事の真理を世の中に広げてください。また、お会いできる日を楽しみにしています。

酒井具視（仮名）

第七章

宇宙の法則を人生に生かす

惑わされない人生

私の研修を受講される方の目的はさまざまである。

中には、御利益的な目的で訪れる方もいるが、最近は純粋な目的で受講する方が急増している。要するに「本当の自分に気づきたい」「真我に出会いたい」という人が多くなってきたということである。「本当の自分」、つまり「真我」に出会うのが一番の目的だから、そういう意味ではその趣旨にピタッと合う人が圧倒的に増えている。

その「真我」に目覚めたときに、世の中のありとあらゆるものが見えてくるのである。だから、無理に世の中を見ようとしなくてもよいのである。「真我」に目覚めたら、真実の世の中が見えてくるのである。

しかし実際は逆に考えている人が多い。

本を読めば世の中が見えてくるわけではない。本の中は全体の中のほんの一部にしか過ぎないのである。

このようにほとんどの人が自分以外のところに本当の自分があると信じて必死で探しているのである。人は、「真我」に目覚めたとき、黙っていても透明な心で物事を見ることができる。

本を読んだり、テレビやラジオから流れてくる知識のほとんどは色眼鏡だ。その色眼鏡を通して物事を見る。例えば、あの人はこういう人だという情報を聞けば聞くほど、先入観としてその人を見るようになる。

しかし、真我に目覚めたら、人の言い分や情報に惑わされない高い感性で物事が見えてくる。

自分の眼鏡を透明にするということなのである。

情報というものは、往々にして色眼鏡になってしまうので気をつけていただきたい。

二度と無い一度の人生だから

今、私たちの元にはあらゆる問題が津波のように押し寄せてきている。

個人として、社会として、日本として、世界として、人間として、いかに生きるべきかがまったく見えない、という人がほとんどだ。今までの価値観やものの見方、考え方、思想、宗教では解決できないことばかりである。

今こそ、一番大きなものの捉え方である「宇宙意識」を活用して生きることが要求されているのである。私たちはそのことを、もっともっと自覚して、その法則に沿った生き方をしなくてはならない。

今、私たち人類に求められていることは「私」という個と、私の周りにいる人たちの「組織」、日本という「国」と「世界」との融合、宇宙全体との関わり、すなわち「全体」と「個」の融合である。

人類は、**全体である宇宙から自分を見、自分の組織を見、日本や世界を見ていかなくてはならない**のだ。

これは、大きな視点に立った意識レベルの向上であり、自分が信じる小さな考えや思想や宗教に囚われるのではなく、地球は一つ、宇宙は一つ、その中で私たちは生かされている、生かしていただいている、ということを明確に自覚した上で、自分の生きる使命に向かって生きる、ということなのである。

キリストは、

「たとえ全世界をこの手に入れようとも、魂を失えば、なんの甲斐あらん」

という言葉を残している。

これは、人間が自分は魂であり、私もあなたもすべてが宇宙の法則であるということを明確に自覚したうえで生きなければ、人間として生まれてきた甲斐がないという意味である。

魂を自覚する、ということは、人間が宇宙意識、つまり「真我」に目覚めるということである。そうすれば、この見えにくい世の中であっても最高に素晴らしく生きることができるのだ。

人間に与えられたこの「二度とない一度の人生」を最高にするためには、今までの価値観を破り、無限の喜びを享受するための宇宙意識の開発に、一刻も早く目覚めていただきたいと思う。

〈二度と無い一度の人生だから〉

二度と無い一度の人生だから
だから私は、生きる使命を見つけその使命を全うします

二度と無い一度の人生だから
だから私は、泣いたり笑ったり本気で生きます

二度と無い一度の人生だから
だから私は、人を愛し自分を愛しあらゆるものを愛します

二度と無い一度の人生だから
だから私は、私の持てるすべての力を出し切ります

二度と無い一度の人生だから
だから私は、人を恨んだり憎んだり時間のロスを無くします

二度と無い一度の人生だから
だから私は、喜びも悲しみも天が私に与えてくれた愛として受けとめます

二度と無い一度の人生だから
だから私は、魂を自覚し愛の固まりで人と社会の中で生き抜きます

二度と無い一度の人生だから
だから私は、愚痴や不満のない喜びに溢れた人生にします

二度と無い一度の人生だから
だから私は、人の失敗、迷いを大きな心で包みます

二度と無い一度の人生だから
だから私は、自分と人と体と心と魂を大切にします

二度と無い一度の人生だから

だから私は、神が私に与えてくれた天寿を全うします
二度と無い一度の人生だから

正しいものの見方とは

ものの見方には、「個」で物を見る方法と、「全体」で物を見る方法がある。

今まで人類が間違いを起こしてきた原因の一つは、「個」（＝自分、自己）から物を見ていたからである。

ガリレオが「地動説」を唱える以前は、「天動説」が唱えられていた。

地球から見れば、太陽や月や星は地球の周りを回っているように見える。だから、
当時の人々は天動説を信じていた。これは「個」から物を見たときの見方である。自

分から見れば、太陽や星が自分を中心にして回っているとしか見えない。しかも地球は球ではなく、平面に見える。

これは、まさに個から見た発想なのである。


宇宙全体から見れば、地球は丸いし、地球は回っているのである。

こちらは全体から見た物の見方だ。

私たちは天体だけでなく、あらゆるところで個の発想を用いている。私たちは、個から見て、周囲と対立を起こすことを人間の宿命のようにずっと行ってきた。

例えば、何かの宗教に凝っている人は、自分の宗教こそが素晴らしいと考えている。自分の観点から物を見て、他の宗教、他のイデオロギーの思想を批判する。

それがエスカレートすると、戦争が起こってしまうのだ。

日本も自分の国を物差しにして他の国を見るから、外国と摩擦や対立が生じるのだ。自分の庭から隣の庭を見て批判するようなものなのである。

全体から見るということは、事実に目を向けるということである。狭い地域の中だけで見るのではなく、地球、宇宙の中の銀河系といった具合に広い視野で物を見ることである。そして、全体と個が最初から融合されていることに気づくことが重要なのである。

そこから考えると、例えば、「ビジネスは何のためにあるのか」と問われたとき、「金儲けのため」という答えしか出なかったとしたら、それは個単位ということになってしまう。

自分だけではなく、周りも喜び、みんなも喜ぶビジネスを展開すれば、個ではなく全体のビジネスをしたということになるのだ。

「俺の会社」「自分の会社」などといったような個に凝り固まる時代ではなくなっている。

これからは個で捉えるだけでは生き残れない時代になってきたことを自覚する必要があるのだ。

見えないものの存在を認める

精神世界で「アカシックレコード」という言葉がある。

宇宙空間に無尽蔵の情報や知識が存在していて、宇宙意識と一体化すればそのアカッシックレコードの情報を自由自在に引き出して生活に応用できる、というものだ。私はアカッシックレコードを、「宇宙（＝無限）の知恵」と捉えている。

人間は六十兆の細胞でできている。人間の体を形成している細胞は何万年も前からあるが、人間の力では自分の細胞はおろか、ゴキブリ一匹、蟻一匹、花一輪だって作ることができない。これらを作っているものが「宇宙の知恵」でなくて何の知恵であるというのだろうか。

ただ、われわれは目に見えるものを優先して生きているので、「宇宙の知恵」をなかなか認めようとしない。目に見えなくても空気はある。電波も目に見えないが、存在していることは誰だって認めているではないか。

だから、私たちが現在認めている範囲以外のものが、無尽蔵にあってもおかしくないのだ。二百年前に四角い画像の中に、地球の裏側にいる人の顔が見えるといっても、神秘現象として取り扱われて誰も信じなかっただろう。ところが今では、テレビで地球の裏側にいる人の顔が見えても不思議なことではなくなった。

現時点の段階も、人間が認める範囲内で物事を見ているだけであって、ここから先のことは無尽蔵にあってもおかしくはないのだ。人間が認めるか認めないかが問題なのである。

アカシックレコードも実際、この目で見たことがないから、あくまでも仮想の世界なのだが、異次元の世界を認めるほうが可能性や未来が開けてくる。「ない」と断定的に捉えたら、その時点でどん詰まりになり、終点になってしまうから、進歩も発展もなくなってしまう。**これからの時代は目に見えないものがある、という観点から、すべての物事を判断していくべき**なのである。

怖いものがなくなるものの見方

宇宙意識で物を見る時は、行き着く所がどこであるかが重要である。歩いている一歩がどうであるかは、あまり問題ではない。

人類が滅亡するといった類の予言がある。それはある意味信憑性があると思う。その単位で世界中の人たちはいろいろなことを考えなければいけないのである。このことを人類が本気になって考えなければ、恐竜のように滅亡してしまう可能性すらあるのだ。

しかし、もっと大きな観点でいうならば、人類が滅亡しても、宇宙から見たらどうってことはないのである。それは、一つの法則であって、宇宙から見ればどちらでもいいことなのだ。

しかし、人間から物事を見ると、人類滅亡というのは大変なことである。

例えば、ある宗教関係者などは、神の怒りをかったから人類が滅亡するのだと説いている。神をどうやって怒らせるのであろうか。そのような言い分はすべて、人間から見たものであって、人間が勝手に論じているだけのことだ。**世紀末の混乱や人類滅亡は、神の怒りなのではなく、宇宙の法則通りになっているだけ**なのだ。

人類が滅亡しても、別の生命が生まれるかもしれないのである。何億年単位で物事を見たときに、まったく別の見方が出てくる可能性があるのだ。

環境を汚染したり、戦争を起こしたりして滅亡の危機に瀕すれば、困るのは人類である。それをあたかも、神が困っているなどと話をすり替えては駄目だ。

だとしたら、本当の法則に目覚めて、自分たちが生き続けるための方法を見いだしていくことに目を向けることが大切なのである。

縁を生かす

私たちの人生や仕事は、人との縁によってまったく違うものになる。しかし、それは出会う相手から一方的に変えられてしまうものではない。

人は、人と出会うことによって、新しい考え方や情報を自分の中に取り入れ、また、そのことによって自分自身の心の中が化学反応し、変わっていくのである。そして、そのことは自分でもまったく気づかなかった、「本当の自分」を引き出すきっかけにもなるのである。

しかし、人間の魂は無限なのだから、出会う人によってよい面が引き出される場合と、逆に悪い面が引き出される場合もある。

そのときに重要なことは、**どういう人や物や事と出会うかということだ。これが自分自身の人生を開いていくために一番重要**なのである。

私の言っている出会いとは、人のことだけを指しているわけではない。

直接的な人以外にも、意識の高い人が書いた書物や音声などは、同じように重要な出会いの一つとして捉えられる。

人との縁を生かすためには、まず己を知ることである。自分自身を確立し、自分を知ることによって当然、どういう人に出会ったら自分が生きてくるのかが、明確になってくるはずである。

人には、自分より意識の高い人と付き合い、自分の意識を上げていく人と、自分より意識の低い人を引き上げる役目の人と、それぞれ役割がある。その役割を知るには、自分がすでに天から与えられている個性を、自覚するということが大切なことである。

ソクラテスが「汝自身を知れ」と強調しているのは、まさにそういう意味である。それがわかれば、タイムリーに自分に必要な出会いを知ることができ、いろいろな障害物が極端に少なくなるはずである。人は、自分で自分を変えることはできないのである。

どんな人でも、生まれたときから親や兄弟、友達、先生、社長、先輩、同僚、自分を取り巻くすべての人々の影響を受けて、成長していくのである。

人生とは、まさに人との縁によって成り立っているということだ。そして、それを自覚して喜びいっぱいの楽しい人生を送るために、素晴らしい出会いを、どんどん増やしていただきたい。

人生を好転させる言葉

良い言葉には人生を好転させる力がある。

以前、私が道を歩いていたとき、突然言葉が体の奥から湧いてきたことがある。それは天からのメッセージのようであった。私は立ち止まってその言葉を手帳に書き取った。それが「成功と幸福を呼ぶ言葉」である。

この言葉は、講演などで読んでいたが、お聞きになられた方がみな感動してくださるので、小冊子にまとめた。

私は、仕事をしている時でも、雑務をしている時でも啓示のような言葉がパッと出てくることがある。いずれも人生を前向きに捉えたもので、周りの人たちに読んで聞かせると、力づけられたと言っていただける。明るく前向きな言葉には、聞く人の心に強く訴える力があるようだ。良い言葉には良い波動が込められている。

人生を好転させる言葉を以下、紹介する。

〈私には無限の力がある〉

私には無限の力がある

掘っても、掘っても尽きぬ無限の資源がある

私の中にある資源は、出せば出すほど増える
私の中にある資源は、宇宙の中にある資源と同じだ
今からその力をだそう
勇気だ
勇気とは、水道の蛇口をひねれば次から次へと溢れ出す
ひねるとは行動することだ
私の中には宝の山がある
そして私は打ち出の小槌だ
振れば振るほど宝が溢れ出す
振るとは言葉と行動だ
明るく、素直に、愛と感謝の心と目標を明確にして話すことだ
今すぐ打ち出の小槌を振ろう
最高の未来が待っている夢が現実となって現れてくる

〔私は太陽だ〕

私は太陽だ
私は光だ
私は輝いている
私は明るい
私が人々の近くに行くと、すべての人が明るくなる
私は世界最高の輝きである
光の人とは笑顔で、元気で、夢と希望をもって、愛に溢れている人です
もっと明るく、もっと輝き、もっと笑顔で
私は太陽だ
太陽はただひたすら輝いている
人が見ていようが、いまいが輝いている

光の心は、すべての問題を解決する
光は速い
光の心は、人々の心を明るくし、社会を変え、世界を変え、宇宙を変える
私は太陽だ

運命、人生を自在に操る

私たちは、何のために生きているのか、何を求めているのか、何のために仕事をしているのか、自分とは何か、一度しかない人生をどう生きるべきか、こういった事を常に考えながら過ごしている。

誰しもが幸福になりたい、強運になりたいと願っているが、その幸運や強運とはいったい何なのだろうか。

幸運とは、例えば新宿の地下街でダンボールにくるまっていても『わたしは幸運だ』と思えば、その瞬間から幸運でいられるというような、自分の思いで成り立っている世界のことである。

では、強運とは何なのだろうか。強運とは、自分の思いや願望をその通り実現させていく世界のことである。

私たち人間は、生まれながらにして平等に、この幸運・強運以外の運、「天運」というものを天から与えられている。

「天運」とは、あなたの生きる使命、すなわち役割を自覚し、自己の欲望を超えたところでの使命を発見し、その使命の通りに生きることなのである。

それは、バラの種が種の段階でバラの花を咲かせると決まっていることと同じである。

だから人間も、自分が何のために存在するのか、本当の自分とは何なのかを知っておく必要がある。

体重六十キロの人が、いくら頑張っても横綱力士に勝つことはできない。

しかし、あなたにはあなたにしかできないことがあるはずなのだ。

因縁という言葉があるが、この言葉は因《タネ》と縁《エン》との調和によって成り立っていることを意味している。

タネ（因）はエン（縁）に恵まれなければ芽が出ない。

土との縁、水との縁、太陽との縁、肥料との縁に恵まれて初めて芽が出て花が咲くのである。

これはあなたの人生とまったく同じである。

自分というタネ（因）を知り、周りの人たちとの縁に恵まれることが素晴らしい人生を送ることにつながるのである。

それは、親との縁、親類との縁、兄弟との縁、学校の先生との縁、友達との縁、同僚との縁、社長との縁、その他いろいろな縁を含んでいる。

その縁に感謝し、あなた自身の本当の生きる役割を果たして人生をまっとうすることが、すなわち『天運』を生かす本当の生き方なのである。

これからはこの「天運」を生かすということが、人間にとって、あなたにとって、日本にとって、人類にとって一番必要なことになるはずである。

私たちはこの世に生まれてきた以上、何のために生まれ、何を残し、何をやりきって消えていくべきなのか、ということを自覚する必要があるのだ。

そのことを自覚すれば、この人生、社会の中で自由に羽ばたくことができるのである。

私たちに与えられた人生は、あなたが考えている何倍も何百倍も本当は素晴らしいものなのである。

しかし、どれだけ人生を素晴らしくするかは、あなた自身の受信機が決めることなのだ。

晴れてもよい天気、曇ってもよい天気、雨が降ってもよい天気だとすると、すべてはあなたの受け止め方、捉え方次第なのである。

だから人間は本当の意味で自由自在であることを自覚して、限りある肉体人生を最高に生かしていくべきなのである。

おわりに

人生は一発勝負である。

本書を最後まで読んでくださったあなたの年齢が、おいくつなのかはわからないが、平均寿命を八〇歳としたら、八〇からあなたの年齢を引いた年数が残りの人生の時間といえなくもない。五〇歳の方はあと三十年、六〇歳の方ならあと二十年だ。

人それぞれで時間は違うが、その残りの人生をあなたはどうしようと思っているのか。今のままでいいと思っているのか。何もしなければ、今のままのはずだ。果たしてそれで本当に悔いはないのか。本当にそう言い切れるのかどうか。誰も手は差し伸べてくれない。

実は、自分でもどうしていいのかわからない、というのが大半だろう。わからないから、そのままにしておくと、時間だけが経っていく。おじいさん、おばあさんになっていく。そのとき、いくら後悔しても、もう昔には戻らない。何もしてこなかったその時間は戻らないのだ。

人は、普通であれば自分の知識で行動を決めて動いている。

今までこの道はこうだった、ああだったと、知識、経験で行き先や行動を決めている。自分の記憶をたどり、こっちに行けば誰々の家があって、こっちには●●という町があって、こっちに行くと●●が見える……と道を進んでいくものだ。または地図や情報を頼りに道を進んでいく。

しかし、人生の道の進み方は、それでは通用しない。人生の道は、今までに通ったことがない道だからだ。一寸先は闇。知らない道を歩まなければならない。

通った道なら過去を思い出しながら、この道はどうだった、いい道だ悪い道だと判断して進めるが、人生とは、毎日毎日通ったことのない道を歩んでいる格好だ。今日という日は、過去のどの日にもないわけで、一回も通ったことのない今日という日を人は歩いていくしかない。それが毎日毎日続く。まさに一寸先は闇だ。

だからこそ、その未知なる道（人生）を進むために、まず、自分の心を掃除しておくことが必要なのである。それから、通ったことのない道を通っていくのだ。心を掃除して、そこで見える世界で道を判断していくということだ。心が曇りガラス状になっていたら、その曇りガラスを通して見える、感じることで、物事を判断していかなければならない。

その曇りガラスをまず綺麗にしなくては、判断を誤る可能性が高まってしまう。

そして、あなたは何のためにがんばっているのか、何のために一生懸命生きてきたのか、これから生きていくのか、一体何が欲しくてやっているのか、ということを発見するのだ。

「発見」である。考えるのではない。何のためにがんばっているのか考えるのではなく、発見するのだ。

その答えは実はすでにある。あなたでなければならない役割、あなたにしかないもの、それがすでにある。

世界中を探してもあなたと同じ人はいない。あなたは、誰一人と比べることはできない。そのあなたを発見するだけでいい。


それは本当の自分を発見するということだ。

非常にシンプル。本当の自分に気づけばいいだけだ。

本当の自分とは真我である。


本当の自分が浮き上がるときに、今度は個性が明確になってくる。そのほとんどは、実はあなたの過去の記憶からきている。記憶は、決してあなたの人生だけではない。あなたの先祖、前世からきたものも記憶にある。だから、親と同じようなことをやったり、おじいさん、おばあさんと同じような性格だったりするのだ。それは明らかに記憶であるということの証明でもある。

そして、あなたという個性、その個性を生かす人生の道に、まるで導かれるように自然に足が向いていくのである。

それは、真我に目覚め、真我を実践していくということだ。答えはもう決まっている。答えをこれから探すのではなく、もうすでに答えはあるのだ。

真我に目覚めたら、すでにそこに幸せがあるのだ。だから幸せを探してがんばるのではない。もう自分に幸せがあるのに、人は一生懸命外に向かって幸せを探し歩いたり、幸せになるためにケンカをしたりしてしまうのだ。平和になるために戦争をするなど、なんて愚かなことをやっているのだろうか。

幸せは本当の自分にあるのだ。探して歩くものではないということが大前提なのだ。

私はそのことを二十数年前からわかっていた。しかし私は、それをわかったと言わないようにしていた。そして、証明していくことに専念した。それも人を通じて証明していく。あの人はこうなった、その人はそうなったとやっていく。それなら誰も反論できない。それに徹してきたのだ。心の世界は見えないからと、なんとでも言えるもの。証拠もない。そこで私は証拠を作ること、証拠と証人を作ることに専念してきた。見えないものを見えるようにしてきた。二十年、それに費やしてきたのだ。

真我は理屈ではない。実証されている。

疑問やご意見があれば、私のところにご連絡いただいて構わない。

みなさんにも、ぜひ、本当の自分＝真我に出会っていただき、本当に幸せな人生を歩んでいただきたいと願っている。

二〇〇九年一〇月　佐藤康行

※本書は二〇〇五年三月に日新報道より刊行された
『生き方教室』を再編集したものです。

たった２日で“ほんとうの自分”に出逢い、現実生活に即、活かせる

『真我開発講座のご案内』

本書で紹介させて頂いた「真我」及び「真我開発講座」について、さらに知りたい方は、下記の方法にてご連絡下さい。著者である**佐藤康行の講話が収録されたＣＤを無料プレゼント**いたします。

入手方法は簡単！

２つのうち、お好きな方法でご請求下さい。

⇩

1．ホームページから請求する。

下記 URL でアクセスしていただき、ご請求下さい。ＣＤ及び資料を無料で進呈させていただきます。

⇒　http://shinga.com/

2．「心の学校・アイジーエー」まで直接連絡する。

お電話、FAX、e-mail でも受付しております。「『宇宙人生』を読んで CD、資料を希望」とお伝え下さい。

⇒ **FAX：03-3358-8965（24h 受付）**

TEL：03-3358-8938（平日 10:00 ～ 18:00）

e-mail：info@shinga.com

※上記 1.2 の内容はいずれも同じものですのでご了承下さい。

佐藤 康行（さとう やすゆき）

1951 年北海道美唄市生まれ。
心の学校･学長。本当の自分（＝真我）を引き出すセミナー「真我開発講座」主宰。これまで 20 年にわたり延べ 6 万人以上の心の深層を見つめてきた。

10 代後半から化粧品・宝飾品・教材のフルコミッション営業マンとして驚異的な実績をあげ、20 代でレストランチェーンを創業し全国 70 店舗を展開。直後に「自分の使命は多くの人の真我の目覚めのお手伝い」という天啓のもと「真我開発講座」を編み出し、レストラン経営すべてを人に譲り、全国各地でセミナー、講演、面談等を行うとともに「心の学校 佐藤義塾（現アイジーエー（株））」を設立。
「真我開発講座」は、老若男女を問わず政財界の著名人から第一線のビジネスマン、主婦、学生に至るまでこれまで 6 万人以上が受講し、心・生活の著しい変化をもたらしている。

著書に、『1 日ひとつ、変えてみる』（三笠書房）、『「遺伝子とサムシング・グレート」は教える』（筑波大学名誉教授村上和雄 共著）、『絶対に NO! と言われない「究極のセールス」』（かんき出版）、『ダイヤモンド･セルフ』（アイジーエー出版）、『あなたの悩みは一瞬で消せる』（ハギジン出版）ほか。

★心の学校・アイジーエー オフィシャルサイト
http://shinga.com/

宇宙人生　幸せ人生の究極法則

2009 年 11 月 30 日　第 1 版第 1 刷発行
2009 年 12 月 25 日　第 1 版第 2 刷発行
著　者　佐藤康行
発行者　株式会社アイジーエー出版
〒 160-0022 東京都新宿区新宿 2-11-2 カーサヴェルデ
電話　03-5312-1450
FAX　03-5269-2870
ホームページ http://www.igajapan.co.jp/
E メール info@igajapan.co.jp
印刷所　シナノ印刷株式会社

ISBN978-4-903546-14-8 C0010

アイジーエー出版
佐藤康行 一言集

このワンフレーズがあなたの運命を変える 1—5

佐藤康行著

各 定価：1000円＋税

二〇年にわたり発し続けてきた
佐藤康行幸せのフレーズを
５タイトルに一挙収録

1 本当の自分・心編

心の痛み、生活の不安、どうしても抑えきれない感情の浮き沈みを解決する言葉の処方箋。

2 人生の迷い・過去・未来編

この先自分はどうなるのか、自分の運命は、何を求めればいいのかを解決する言葉の処方箋。

3 人づきあい・出会い編

人との関係、苦手な人と接するつらさ、周囲との関わり方に気づきを与えてくれる言葉の処方箋。

4 成功・運を拓く編

本当に願望を実現するには、達成するには、真の成功者とは何かを気づかせてくれる言葉の処方箋。

5 仕事・お金編

仕事の成績が上がる、お金を呼び込む、仕事の本質とは何かを気づかせてくれる言葉の処方箋。

アイジーエー出版のトップセラー本

あなたはまだ自分探しの旅を続けますか？

ダイヤモンド・セルフ
本当の自分の見つけ方

佐藤康行著　定価：本体 952 円＋税

「本当の自分」とは、いったい何者なのでしょうか。

結論から言います。「本当の自分」とは、あなたの想像をはるかに超えた、まさにダイヤモンドのように光り輝き、完全で完璧で、そして無限の可能性を持つ、愛にあふれた奇跡の存在なのです。

　あなたが、今、自分のすざらしさをどれだけ思ったとしても、それは「本当のあなた」ではありません。

　あなたが自分の中にあるダイヤモンドと出会ったとき、その想像を超えたあまりのすばらしさに魂が揺さぶられるような感動を味わい、そして自分のことが何よりも愛せるようになり、その自分を愛せる心が、あらゆる人を愛せる心となるのです。

(～まえがきより～)

愛読者の声を紹介します

◎今までもやもやしていた心が晴れた気持ちです。残りの時間を期待しながら、努力していきたいですね。笑顔で送れそうです。ありがとうございます。
(Y.U さん 女性 53 歳)

◎１回読んでまた読み返してみるともっと深く身体にしみ込んでくることがわかります。
(K.T さん 男性 60 歳)

◎今までいろいろなことを勉強してきましたが、この本に書かれている事は今までにない考え方で非常に驚きました。本当の自分に会いたいです。
(Y.M さん 女性 39 歳)

◎とても心が温かくなり、そして勇気がでました。わかりやすく、いまからすぐ実践します。本当にありがとうがざいました。
(M.E さん 男性 37 歳)

◎私は本当の自分を体験するらしいことをしたことがありますが、現実生活に入ると戻ってしましまいた。この本は、心の構造がとてもシンプルでわかりやすく書かれています。不完全から完全を見る過ちなど、もう少し追究したいと思います。
(M.M さん 女性 40 歳)

あなたも本当の自分を見つけてみませんか？

『ダイヤモンド・セルフ』のより詳しい内容紹介は、下記ホームページでご覧下さい。
http://shinga.com/